LA VIE
DE
M. HECQUET,

DOCTEUR REGENT, & ancien Doyen de la Faculté de Médecine de Paris.

Contenant un Catalogue raisonné de ses Ouvrages.

A PARIS,
Chez la Veuve ALIX, rue Saint Jacque, au-dessus de la rue des Noyers, au Griffon.

MDCCXL.

Avec Approbation & Privilége du Roi.

VIE
DE
M. HECQUET

Docteur Régent & ancien Doyen de la Faculté de Médecine de Paris.

Avec un Catalogue raisonné de ses Ouvrages.

PHILIPPE HECQUET né l'onziéme de Février 1661. fut le cinquième des Enfans de *Jâques Hecquet* & de *Catherine Pigné*, Bourgeois d'Abbeville en Picardie. *Jâques Hecquet* ne négligea rien pour former ses Fils à la vertu par des instructions toujours soutenues de son exemple. C'est le témoignage de reconnoissance que celui dont j'écris la vie lui rend dans un de ses Livres de piété, dans lequel il avoit marqué la mort de ce Père respectable, arrivée le 1. de Novembre 1692.

Deux de ses Frères s'engagèrent dans la Cléricature. *Antoine Hecquet* l'ainé, qui fit une étude assiduë de la Science Ecclésiastique, ne se rendit pas moins recommandable par sa piété sincère & par son zèle ardent pour le salut des ames que par une profonde connoissance des Langues Hébraïque & Grèque. Il étoit né le 13. de Novembre 1659. En 1698. il fut fait Doyen de l'Eglise de S. Wulfran d'Abbeville, dont il étoit Chanoine depuis l'année 1668. Il mourut le 2. de Juillet 1718.

Pierre son Frère, qui lui succèda dans son Canonicat, fut aussi nommé pour lui succèder dans le Doyenné; mais sa modestie lui fit constamment refuser cette place honorable. Il étoit né le 2. de Juillet 1670. & mourut le 30. de Décembre 1722.

Philippe, élevé, comme ses Frères, dans les principes d'une vie chretienne, aprit comme eux les Belles-Lettres sous les yeux de ses Parens. A dix-sept ans il quitta sa patrie pour venir à Paris achever ses Etudes; & fit son Cours de Philosophie pendant les années 1678. & 1679. sous M. *Ozon* qui professoit au Collége des Grassins. Le goût de l'Etat ou de la Science Ecclésiastique, que M. *Hecquet* conserva jusqu'à la fin de ses jours, le fit pancher alors du côté de la Théologie, dont il prit des leçons pendant les années 1680. & 1681. sous MM. *Pirot*, Professeur de Sorbonne, & de *Rocquecourbe*, Professeur & Grand-

Maître de Navarre. Mais les exhortations d'un Oncle, aussi sçavant Théologien qu'habile Médecin, le tournèrent enfin vers la Médecine. Il en commença l'étude à Paris en 1682. & 1683. sous MM. *Afforti* le Père, Professeur de Botanique & de Pharmacie, *Douté*, Professeur de Phisiologie; d'Anatomie & de Pathologie, & *Saint-Ion*, Professeur de Chirurgie. L'année suivante il alla prendre des Degrés à Rheims. Ses Lettres de Maître-ès-Arts sont du 2. & celles de Docteur en Médecine du 4. de Juillet 1684. & le 6. du mois d'Août suivant, les Médecins d'Abbeville l'agrégèrent à leur Collége. Il avoit résolu de se fixer dans cette Ville, tant par l'amour de sa Patrie, que par le desir de s'y perfectioner dans l'étude & dans la pratique de son Art, sous les yeux & par les conseils de M. *Du Saussoi*, cet Oncle, dont je viens de parler.

Il commençoit à peine à s'attirer la confiance de ses Concitoyens, qu'il sentit tout ce qui lui manquoit dans une Ville de Province pour satisfaire l'avidité, qu'il avoit d'apprendre. Il revint donc à Paris, où les premiers mois de son sejour furent passés dans une espèce de retraite, pendant laquelle il ne s'occupa que du plan de vie chretienne, qu'il se proposoit de suivre, & du soin de prévoir les Etudes, qui pourroient le rendre habile dans son Art. Il parut ensuite comme Médecin, & ne tarda pas à se voir employé. Mais à peine fut-il connu, qu'il fut inquiété dans l'exercice de sa Profession, parce qu'il n'étoit point de la Faculté de Paris. Ses amis, pour lui procurer à cet égard de la tranquilité, le firent recevoir Membre de la Chambre Royale. C'étoit un Corps de Docteurs de Montpellier & d'autres Universités, que M. *Daquin*, alors premier Médecin, avoit rassemblés à Paris, & qui sous sa protection croioient y pouvoir pratiquer la Médecine. Mais la Faculté, qui regardoit cet établissement comme contraire à ses droits, s'opposoit continuellement aux entreprises de ces Médecins étrangers; & M. *Hecquet* éprouva, comme les autres, les effets de ces oppositions. Elles l'embarrassérent; & sa piété d'ailleurs lui faisant voir dans l'exercice qu'il faisoit de son Art, l'usurpation d'un droit qu'il n'avoit point, il forma le dessein de retourner dans sa Patrie, pour s'y fixer.

Il étoit dans ces dispositions, lorsqu'en 1688.* Mlle *De Vertus*, qui s'étoit depuis long tems retirée au Monastère de Port-Royal des Champs, le choisit pour son Médecin, & l'engagea même de succéder à M. *Hamon*, dans les soins qu'il avoit pris pendant trente-huit ans, des Religieuses de cette Abbaye & des Pauvres du voisinage. M. *Hecquet* ne balança point sur cette proposition. Son goût pour la retraite, son amour pour les Pauvres, l'exemple d'un grand Mé-

* *Catherine-Françoise de Bretagne* Dlle *de Vertus*

decin, lui firent embrasser avec joie un genre de vie convenable à ses inclinations. Le 14. d'Août de cette année 1688. il alla s'établir à Port-Royal des Champs, à dessein d'y passer le reste de ses jours. Il y marcha fidèlement sur les traces de son prédécesseur. Mais il n'avoit pas reçu, comme lui, de la nature, un tempérament propre à supporter les fatigues les plus outrées; & son corps fut bien-tôt la victime de son zèle pour les Pauvres, de son application à l'Etude, & de la rigueur de sa Pénitence. Il s'étoit imposé la loi d'une abstinence & d'un jeûne presque continuels. Presque tous les jours il alloit parcourir les Campagnes pour le soulagement des malades; & le plus souvent il rentroit après avoir fait quatre ou cinq lieues à pied. Tout fatigué qu'il devoit être, il se mettoit à l'Etude, & s'y livroit avec tant d'ardeur, qu'à peine pouvoit-il se résoudre à donner quelques heures au sommeil. Encore ne fut-ce, pendant plus d'un an, que sur une chaise, après avoir combattu de tout son possible, un besoin qui n'est pas moins impérieux que celui de la faim. Une vie si dure & si laborieuse, des austérités poussées, si j'ose le dire, jusqu'à l'indiscrétion, altérèrent bien-tôt sa santé. Les infirmités l'accablèrent. On craignit même pour sa vie, & dans les premiers jours de Septembre 1689. il reçut les Sacremens. Sa jeunesse (il n'avoit alors que vingt-huit ans) le tira d'affaire contre toute apparence Il ne fut pas sitôt rétabli, qu'il travailla par dégrés à reprendre le même train de vie. Il se flatoit de pouvoir insensiblement s'accoutumer à l'air aquatique & malsain de Port-Royal, & se mettre en état de supporter la Pénitence la plus rigoureuse. Mais son tempérament étoit ruiné pour toujours, & ses espérances furent vaines. Au bout de quelques années sa santé se trouva si derangée, que tous ses amis l'exhortèrent à quitter Port-Royal pour revenir à Paris; & la mort de Mlle *De Vertus* arrivée le 21. de Novembre 1693. l'y détermina.

Ce fut environ dans ce cems-là qu'à la sollicitation de M. *Fagon*, devenu premier Médecin, le Roi supprima la Chambre Royale de Médecine. La Faculté de Paris obtint même une Déclaration, qui défendoit aux Membres de cette Chambre, comme à tous les autres Docteurs étrangers, de faire aucun exercice de leur Art dans cette Ville. M. *Hecquet*, résolu de ne point retourner en Province, prit le parti de se faire *coopter*. Il se rendit en ce point aux sollicitations de ses amis & sur-tout du célèbre *Raimond Finot*, qui depuis long-tems l'aimoit beaucoup & l'aidoit de ses conseils. Il se mit donc sur les Bancs au mois d'Octobre 1694. sortit de Licence le 3. de Septembre 1696. & reçut le Bonnet de Docteur le 15. de Janvier 1697.

L'Ecole de Médecine ne vit pas sans étonnement un Disciple, en état d'être

Maître, venir prendre ses leçons avec toute l'attention & la docilité d'un jeune Aspirant. Elle le vit avec plaisir instruire ses Condisciples en même tems qu'il cherchoit à s'instruire lui même ; & dans ses Examens & ses Thèses, elle admira l'étendue des lumières, qu'il avoit puisées dans une étude assidue & dans une expérience réfléchie. Ses Maîtres devinrent ses protecteurs & ses amis. On se hâta de le nommer Professeur des Ecoles; & chargé d'enseigner la *Matière Médicale*, il s'en acquitta d'une manière digne de la haute idée, que sa réputation avoit fait concevoir de lui. Plusieurs des Médecins les plus fameux, & principalement M. *Aforti* le Père, dont il avoit autrefois été le Disciple, & M. *Thuillier*, s'empressèrent de le produire. Mais personne ne l'aima plus tendrement que M. *Finot*.

C'étoit, pour le dire en passant, un homme du premier mérite ; & quoiqu'on ait fait servir son nom à remplir quelques Hémistiches satiriques, il n'en est pas moins vrai qu'il étoit bon Phisicien & très-habile Médecin. A ces Sciences nécessaires, il avoit joint des Connoissances plus agréables, que relevoit un fond d'éloquence naturelle, qu'il avoit pris soin de cultiver. Des mœurs douces & polies, & son attention pour les Malades l'avoient fait aimer des Grands, estimer du Public, & respecter d'un nombre infini de gens, qui se faisoient honneur d'être de ses amis. Ces grandes qualités étoient accompagnées d'une exacte probité, d'une piété sincère, d'une charité très-tendre & très-étendue pour les Pauvres *. Il mourut en 1709. le 28. de Septembre, regreté de tous ceux qui le connoissoient. Un homme de ce caractère pouvoit-il manquer d'aimer & de protéger un Médecin, avec lequel il se trouvoit tant de conformité? Depuis que M. *Hecquet* eut été reçu Docteur de Paris, M. *Finot* ne fit plus de Consultations sans l'appeller; & malgré tout ce qu'il avoit appris d'une longue expérience & de beaucoup d'étude, il avouoit, sans rougir, qu'il trouvoit toujours à profiter avec son ami.

L'estime singulière qu'il avoit pour lui, l'engagea de le présenter en 1708. à M**. *le Prince*, comme un sujet digne de toute sa confiance. Ce fut en effet ce que M. *le Prince* en pensa dès la première conversation. Il invita M. *Hecquet* à le venir voir souvent; & même dans la suite il lui fit quelquefois des reproches sur ce qu'il ne le voïoit point assez. Ces marques d'estime & de confiance ne portèrent M. *Hecquet* qu'à redoubler ses soins & les témoignages de son zèle; & qu'à prouver son attachement par des procedés qui ne pouvoient être que le fruit de sa piété. La maladie de M. *le Prince* devint dangereuse, & comme

* Dans les *Mémoires de Trévoux*, Juin 1710. on trouve un Eloge de M. *Finot*, extrait d'une Lettre de M. *Hecquet*, au R. P. *De Tournemine*.

** *Henri Jules de Bourbon*, Prince de *Condé*.

personne n'osoit l'en avertir, il se chargea de ce soin, & s'en acquitta d'abord avec cette sorte d'adresse que la Charité quelquefois inspire; ensuite avec [illegible] la force qui peut s'employer à répré[illegible]ter le plus important de tous les devoirs. Bien loin que M. *le Prince* reçut mal des avis si salutaires, il s'en laissa toucher. Il en profita. Son estime même en augmenta pour celui qui n'avoit pas craint de les lui donner; & tous ceux qui l'environnoient applaudirent à la conduite d'un Médecin, qui joignoit aux qualités propres à son Art, tout le zèle d'un véritable Chretien.

Après la mort de M. *le Prince* arrivée le 1. d'Avril *1709*. Me *la Princesse*, sa Veuve, retint M. *Hecquet* pour le Médecin ordinaire de sa Personne & de sa Maison. Elle ne l'honora pas de moins de confiance que son auguste Epoux n'avoit fait. On sait même qu'elle eut tant d'estime pour sa vertu, qu'elle ne fit pas moins d'usage de ses conseils à l'égard de la santé de son ame, que par rapport à celle de son corps. Loin qu'elle s'offensât de la liberté chretienne, avec laquelle il lui parloit sur tous ses devoirs, il ne lui fit jamais de réprésentations sans effet. De plusieurs exemples qu'on en pourroit citer, un seul peut suffire. Un soir, en Carême, il se trouva chés elle à l'heure de la Collation. Il vit la table servie, comme elle auroit pu l'être un jour maigre ordinaire. Son attachement aux Loix de l'Eglise en souffrit. Il adressa la parole à Me *la Princesse* ; & lui dit avec force qu'elle donnoit mauvais exemple, & que sa complaisance pour ceux qui se trouvoient auprès d'elle, étoit un violement essentiel de la Loi du jeûne. Il prouva ce qu'il avançoit, & fit tant d'impression sur l'esprit de Me *la Princesse*, qu'elle donna des ordres pour que dans la suite on se conformât à sa table aux intentions de l'Eglise. Cette liberté qui pouvoit le faire regarder comme un Censeur importun, n'empêcha point que toute la Maison de Me *la Princesse* n'eût pour lui beaucoup de respect & d'attachement. Il en étoit digne. Pendant les quatorze années que cette *Princesse* survécut à M. *Prince*, il n'employa le crédit qu'il avoit auprès d'elle, qu'à faire valoir les intérêts des autres Son désintéressement ne lui permit jamais de s'en servir pour lui-même. Il tint une conduite semblable auprès de Me *la Duchesse de Vendôme*, dont il eut aussi l'honneur d'être le Médecin ordinaire. Il ne se présentoit jamais devant ces deux Princesses, quand elles n'avoient pas besoin des services de son Art, à moins qu'il n'eût à leur demander des graces pour quelqu'un de ceux qui leur étoient attachés

Sa réputation cependant s'étoit répandue dans Paris, & de tous côtés on s'empressoit d'avoir un Médecin, dans lequel on étoit sur de trouver un ami. Tant que sa santé le lui permit, il ne refusa ses soins à personne ; mais dans tous les tems, il préféra les Pauvres, à qui sa maison fut ouverte à toute heure. Dès 1698, le nombre de ses Visites étoit si fort augmenté, qu'il lui fut impossible de suffire à les faire à pied. Pendant quelque tems il les fit à cheval, mais sa poitrine ne s'en accommoda point. Il lui survint un crachement de sang, qui l'affoiblit extrêmement. C'est ce qui l'obligea, pour ne point manquer à ses Malades, de se servir d'une Chaise à Porteurs, qu'il quitta dès qu'il fut en état de supporter une autre voiture. Il prit d'abord une Chaise roulante, ensuite un Carosse, où tout ne respiroit que la simplicité. C'est depuis ce tems qu'on l'a toujours rencontré lisant dans les rues de Paris. Son Carosse lui tenoit lieu de Cabinet. Il s'y livroit à l'Etude avec autant d'application qu'il eut fait chés lui.

Dans le grand nombre de Malades, qui s'adressoient à lui, l'on comptoit plusieurs Communautés d'Hommes & de Filles. Il donna toujours la préférence, à celles qu'il crut le moins en état de reconnoître les soins d'un Médecin ; & ce fut principalement le dessein de leur être utile, qui le fit résoudre d'aller en voiture. L'éloignement des Quartiers le mettoit hors d'état de les satisfaire autrement. Il avoit d'autant plus de raison de prendre ce parti, qu'il donnoit plus d'attention à ses Malades, & qu'il faisoit ses Visites plus longues. Dans la pensée que la multitude des remèdes est souvent pernicieuse, & que la pluspart du tems la Nature n'a besoin que d'être aidée, il étudioit à fonds le tempérament de ceux qui se mettoient entre ses mains; il examinoit avec l'attention la plus scrupuleuse, les simptomes des Maladies. Attentif à suivre la Nature pas à pas, ses premiers soins étoient de prévenir les accidens qui pouvoient survenir. Il travailloit ensuite avec plus d'assurance à combattre le mal dans sa cause. C'est à cette méthode lente & raisonnée, qu'il devoit l'heureux succès de ses cures; & c'est elle qui le mit en état de répondre aux discours de quelques Médecins accrédités, qui se vantoient de voir plus de Malades que lui; qu'il avoit sur eux l'avantage de voir plus de Maladies.

Ne pourroit-on pas compter aussi sa piété pour une des causes de son bonheur? Il ne faisoit aucune Visite chez ses Malades, il ne consultoit jamais ses Livres dans les cas difficiles, qu'il n'eût commencé par demander à Dieu de l'éclairer & de benir ses soins. Dès qu'il appercevoit la moindre apparence de danger, il en avertissoit les Familles, & le plus souvent il se chargeoit lui-même d'en parler aux malades; mais c'étoit avec sagesse & d'un ton capable de consoler, qu'il leur conseilloit de mettre ordre à leurs affaires spirituelles & temporelles. Il vouloit toujours dès le commencement les voir munis des secours de l'Eglise; & travailloit ensuite avec plus de confiance. Il croïoit même que Dieu répandoit alors une bénédiction plus abondante sur les remèdes, qu'il ordonnoit

J'ai sous les yeux un *Mémoire sur sa Vie*, écrit quelques mois après sa mort, par une Dame très-célèbre, & qui pendant trente-cinq ans avoit été du nombre de ses amis. Ce *Mémoire* m'apprend, de quelle maniére Dieu daigna quelquefois récompenser le zèle de M. *Hecquet*.

„ Lorsqu'il étoit appellé chés des per„sonnes du monde (*j'emploie les propres „termes de cette Dame*) son premier „soin étoit de profiter de leur état „pour les rappeller à Dieu, & les por„ter à se convertir. J'ai été témoin de „plusieurs personnes qui ont changé de „vie, & qui lui ont du leur conversion, „comme ayant été pour elles l'instru„ment de Dieu. Je me bornerai à trois „exemples, parce qu'ils me sont très„présens, & que j'en ai eu connoissan„ce par moi-même.

„ Le premier, ce fut en 1704. Une „Dame entre deux âges, encore belle, „Veuve d'une grande condition, & li„vrée au monde & à tous les plaisirs „l'envoya chercher sur sa réputation. „Elle étoit dangereusement malade. Il „ignoroit sa vie; mais la manière dont „elle répondit à ses questions, & celle „dont deux de ses Femmes, aussi mon„daines que leur Maîtresse, lui parlè„rent, ne lui ayant pas permis de dou„ter de la vie, qu'on menoit dans cette „Maison; il dit à cette Dame que son „mal étoit grand, mais qu'il n'étoit pas „sans ressource, & qu'il espéroit que „Dieu béniroit ses remèdes; mais que le

„ danger étoit trop grand pour ne pas „ prendre la précaution de commencer „ par ſonger à ſa conſcience; qu'il lui „ conſeilloit donc d'envoyer chercher ſon „ Confeſſeur, & d'y mettre ordre; que „ pour lui en donner le tems il ne reviendroit que le ſoir, & ne ſe propoſoit „ de lui donner des remèdes que dans „ ce tems-là. En finiſſant ces paroles „ il ſe leva & ſortit de la chambre. Il n'étoit pas encore ſorti de la „ maiſon, qu'une des Femmes, qui ſervoient cette Dame, courut après lui, „ & lui dit qu'apparemment il ignoroit „ que la Dame, qu'il venoit de voir, étoit. „ Madame de***. & qu'il ne lui auroit „ point parlé comme il avoit fait, s'il „ l'eut ſu. M. *Hecquet* lui répondit qu'il „ ſavoit à qui il avoit eu l'honneur de „ parler, & qu'il ne lui avoit dit que ce „ qu'il s'étoit cru obligé de lui dire; „ & qu'il en étoit tellement convaincu „ que, ſi le ſoir elle n'avoit pas encore „ mis ordre à ſa conſcience, comme il „ croïoit ce préalable néceſſaire, il ſe retireroit & la ſupplieroit d'envoyer chercher un autre Médecin. La Dame, „ voyant par cette réponſe qu'elle ne „ pouvoit pas eſpérer d'être traitée par „ lui, ſi elle ne ſuivoit ſon conſeil; & „ d'un autre côté Dieu, qui vouloit „ ſe ſervir de cette voie pour lui faire „ miſéricorde, ayant permis qu'elle regardât comme une choſe néceſſaire à „ la conſervation de ſa vie d'être traitée „ par M. *Hecquet*; elle ſe détermina à

„ faire appeller un Prêtre de sa Paroisse, auquel elle se confessa, & qui lui „ fit connoître la nécessité de changer „ de vie, & la grandeur des fautes „ qu'elle avoit commises. Cette première vue, l n'ayant servi qu'à l'irriter „ par une espèce de désespoir, qui lui faisoit regarder comme impossible tout „ ce qu'on lui montroit de ses obligations; elle dit à M. *Hecquet*, lorsqu'il vint la voir le soir; *Que c'étoit* „ *donc pour lui apprendre qu'il n'y avoit* „ *point de salut pour elle, qu'il l'avoit* „ *obligée d'appeller un Prêtre.* Elle ajouta beaucoup d'autres discours, qui marquoient son trouble & son agitation. „ Alors il crut devoir lui parler avec autant de douceur, qu'il l'avoit fait avec „ force le matin, & la consoler par la „ vue de la grandeur de la miséricorde „ de Dieu & de la confiance, que les „ plus criminels y devoient avoir. Il „ lui fit un court exposé de tout ce que „ la Religion nous enseigne à cet égard, „ & l'assurant que, malgré son agitation, „ il la trouvoit mieux que le matin; il „ finit par l'exhorter à mettre à profit la „ santé, qu'il espéroit que Dieu lui rendroit. Il lui prescrivit ensuite les remèdes nécessaires. Cette Dame, éclairée & fortifiée par de tels discours, „ renvoya chercher le même Ecclésiastique, & se mit sous sa conduite. Aidée d'ailleurs par son Médecin, auquel „ elle ne cacha rien, avec la santé du „ corps elle recouvra celle de l'ame,

„ dans laquelle elle a persévéré jusqu'à „ la mort.

„ La seconde personne, dont j'ai à parler, étoit une Demoiselle encore jeune, „ mais maîtresse d'elle-même. Elle avoit „ renoncé à tout établissement, & se „ croïoit fort avancée dans la vertu. M. „ *Hecquet* la trouva chés un Malade. La „ Demoiselle, qui le connoissoit de réputation, & qui faisoit cas de son estime, „ crut devoir étaler devant lui tout son „ zèle. Elle raconta donc avec esprit & „ vivacité, les différens reproches qu'elle „ avoit faits en différentes occasions à „ des Hommes chargés de la conduite „ des autres, & qui passoient avec raison, pour avoir de la lumière & de la „ vertu, & rapporta avec complaisance „ ce qu'elle avoit remarqué de leurs défauts. M. *Hecquet*, naturellement opposé à ce caractère, assés ordinaire „ aux personnes du Sexe, qui passent „ pour dévotes, lui repliqua d'une manière brusque, & qui marquoit l'improbation des louanges indirectes, que „ cette Demoiselle s'étoit données elle-même par son recit. Toute la Compagnie remarqua qu'elle en fut blessée; „ mais Dieu, qui avoit fixé ce moment „ pour son changement de vie, & pour „ le commencement des graces, qu'il lui „ vouloit faire, permit qu'au premier „ mouvement de dépit, succédât un „ trouble & une crainte salutaire, qu'elle n'eut commis bien des fautes de „ la nature de celle, qu'on lui avoit reprochée,

„ reprochée, & qu'elle ne fut aussi peu „ attentive sur elle-même, qu'elle étoit „ clairvoyante sur les autres. Ces réfle- „ xions l'ayant reconciliée en elle-même „ avec M. *Hecquet*, elle crut qu'elle ne „ pouvoit mieux faire que de l'aller „ trouver, & de lui demander conseil. „ Il fut, à ce qu'il m'a dit, très-surpris „ de cette visite, & plus encore, du sujet, „ qui la lui procuroit. Comme il étoit „ extrèmement humble, il refusa con- „ stamment de parler à cette Demoiselle „ de ce qu'elle devoit faire pour vivre „ d'une manière plus chretienne; & lui „ proposa de voir M. *Du Guet*, qu'elle „ ne connoissoit que de réputation. Elle „ y consentit avec joie, pourvu que cela „ put se passer secrètement. Elle avoit, „ pour en agir ainsi, des raisons, que M. „ *Hecquet* trouva légitimes; & M. *Du* „ *Guet*, de son côté, consentit à ce que „ l'on prît toutes les précautions possi- „ bles, pour que la visite que cette De- „ moiselle lui rendit fut ignorée. Elle en „ fut si contente, qu'elle desira de le „ voir une seconde fois. M. *Du Guet*, „ ayant jugé de sa vie passée, comme M. „ *Hecquet*, & craignant qu'une longue „ habitude & le penchant naturel ne „ fussent toujours un obstacle au salut de „ cette personne, tant qu'elle resteroit „ dans le monde, lui conseilla de se re- „ tirer dans un Couvent, où sans chan- „ ger d'état ni prendre d'engagement, „ elle pût mener une vie convenable à une „ Vierge chretienne. Elle eut le courage

„ d'exécuter cette décision, malgré sa „ répugnance ; & se retira dans un Monastère très-régulier, où le silence est „ grand. Son sacrifice ne fut pas long. „ La première année de sa retraite n'étoit pas expirée, qu'elle tomba malade „ & mourut, ayant, en santé comme en „ maladie, édifié toute la Communauté.

„ La troisième personne, dont j'ai dit „ que je parlerois, est un Abbé Régulier, „ qui jouissoit d'un revenu considérable. „ C'étoit un homme d'esprit & de Belles-Lettres, aimant le monde, & vivant d'une manière dissipée & peu convenable à un Religieux. Il venoit tous „ les ans à Paris, & logeoit dans une „ maison de son Ordre, située à peu près „ dans le quartier où M. *Hecquet* demeuroit. Sa réputation & la proximité faisoient que l'on recouroit à lui, quand il „ y avoit des malades étrangers. Il fut „ appellé plusieurs années de suite pour „ cet Abbé. Chaque fois il avoit inutilement tenté de lui inspirer une vie „ plus conforme à ses devoirs. Enfin, „ au mois de Novembre 1715. l'Abbé „ tomba dangereusement malade. M. *Hecquet* ne lui dissimula point le péril, & „ lui répresenta vivement la nécessité de „ mettre ordre à sa conscience. Dieu lui „ ouvrit les yeux & le toucha. Dès qu'il „ fut en état de sortir, il pria son Médecin de lui indiquer un homme habile „ & éclairé, en qui il pût mettre sa confiance. M. *Hecquet* ne crut pas pouvoir le „ mettre en de meilleures mains que cel-

„ les de M. *Du Guet*. L'Abbé n'hésita „ point à ſuivre ce conſeil ; mais il avoit „ auſſi ſes raiſons pour ne conſulter M. „ *Du Guet* qu'en ſecret. Dès la premié- „ re conférence, il ſe détermina à ſe de- „ mettre de ſon Abbaye, où il paroiſſoit „ qu'il n'étoit pas entré d'une maniére „ Canonique. Il envoya ſa démiſſion a „ M. *le Cardinal de Noailles*, alors Chef „ du Conſeil de Conſcience, qui le força „ de reprendre une nouvelle Nomination „ par le conſeil ſecret de M. *Du Guet*, „ de qui j'ai ſu qu'il n'avoit eu preſque „ rien à ajouter aux conſeils que M. „ *Hecquet* avoit donnés à cet Abbé. Celui- „ ci s'en retourna ſur le champ à ſon „ Abbaye, & n'eſt pas revenu depuis à „ Paris ".

En 1709. M. *Hecquet* alla prendre les eaux à Bourbon, pour une eſpèce de Rhumatiſme gouteux, dont il avoit ſenti les premières atteintes pendant ſon ſejour à Port-Royal. Depuis ſon retour à Paris ce mal s'étoit fort diminué ; mais au bout de quelques années il en fut ſi conſiderablement incommodé, qu'il crut devoir recourir au ſeul remède capable de lui procurer quelque eſpèce de ſoulagement. Pendant le ſejour, qu'il fit à Bourbon, il fut touché de l'ignorance qu'il trouva dans ce Pays, & de la diſette de bons Livres. Il en écrivit à la Dame, Auteur du *Mémoire*, dont je viens de rapporter un long fragment. A trois différentes fois elle en acheta pour environ trente piſtolles, qu'elle lui fit tenir. Les eaux, ainsi qu'il l'avoit prévu, lui firent assés peu d'effet, & même sa santé depuis a toujours dépéri „ Quelques jours avant „ de partir, il me dit : (c'est toujours la „ même Dame qui parle) Qu'il ne comp„ toit point guérir de son Rhumatisme, „ & qu'il espéroit seulement l'adoucir „ & en diminuer la douleur. Depuis ce „ tems je l'ai toujours vu envisager la „ mort, comme peu éloignée, & plus „ occupé que jamais à s'y préparer. Ce „ n'est pas que pour cela il en parlât beau„ coup ni à bien des personnes, mais „ seulement à ceux à qui il donnoit sa „ confiance & dont le nombre êtoit pe„ tit. Il n'en êtoit pas plus triste, quoi„ qu'il fut souvent très-souffrant, & que „ son visage le marquât ".

En 1710. il fut choisi pour Médecin de l'Hopital de la Charité. Ce poste convenoit à sa tendresse pour les Pauvres. Aussi s'imposa-t-il la loi d'aller plusieurs fois par jour voir tous les Malades de cet Hopital, & de passer un tems considérable auprès de ceux qui lui paroissoient avoir le plus de besoin de ses secours. Mais ses forces ne répondant point à ses desirs, ses amis le forcèrent d'abandonner cet emploi. Quelque tems après on voulut lui donner une place de Médecin de l'Hotel-Dieu. Plusieurs personnes le sollicitèrent en vain d'accepter ce que beaucoup d'autres briguoient. Sa maniére de pratiquer ne lui permettoit pas de se charger de tout un monde de Malades. Il aima toujours mieux se conſacrer au ſervice de quelques Communautés, qu'il quittoit à meſure que ſa ſanté s'affoibliſſoit, en ſe réſervant toujours pour les plus pauvres ; ce qu'il continua juſqu'à ſa retraite.

Malgré tout le tems que la multitude de ſes Malades lui prenoit, il ne relâchoit rien de ſes études, & l'on a remarqué qu'au milieu de ſes plus grandes occupations, il avoit une fois paſſé vingt-quatre nuits de ſuite ſans ſe coucher, pour approfondir des matières ſur leſquelles il ne ſe trouvoit pas aſſés inſtruit. De-là ſont venus ces nombreux Ouvrages, qu'il a conſacrés à l'avancement de ſon Art. Des Etudes toujours continuées, des Extraits ſans nombre & raiſonnés, des Relations avec tous les Savans Médecins de l'Europe le mettoient en état d'écrire dans un tems où d'autres auroient à peine trouvé le moyen de faire quelques lectures. Mais il avoit ſu ſe procurer tout le loiſir, dont il avoit beſoin, par ſes veilles, par la courte durée de ſes repas, & par ſa manière d'aller dans la Ville. Il n'eſt donc pas étonnant qu'il ait aquis cette prodigieuſe érudition, que l'on voit répandue dans tout ce qu'il a fait imprimer.

Ce qui d'abord anonça ſes talens pour écrire ce furent les *Thèſes*, qu'il propoſa dans les Ecoles de Médecine de Paris, lorſqu'il y prit ſes Degrés. Dans la première, qu'il ſoutint (*a*) le 26. de Jan-

(*a*) Me *Bertin Simon Dieuxivoie* en fut le Préſident.

vier 1695. il examine (*a*) ſi les fonctions de l'Economie animale ſont opérées par les Ferments, & conclut pour la négative. La ſeconde (*b*) eſt du 13. d'Octobre de la même année. Elle a pour but, d'établir que (*c*) c'eſt dans l'uſage convenable des alimens, que l'on doit chercher la guériſon des Maladies chroniques. Dans la troiſième, ſoutenue (*d*) le 12. de Janvier 1696. il prouve que les (*e*) Maladies ne tirent point leur origine de l'amas des Séroſités, mais que celles-ci ſont la ſuite des Maladies. Le but d'une quatriéme (*f*) Thèſe du 6. de Février 1698. eſt de venger la Médecine contre ceux qui lui reprochent (*g*) d'avoir peu de remédes.

Six ans ſe paſsèrent ſans que M. *Hecquet* fît rien imprimer. En 1704. il donna quelques ſoins à l'Edition qui ſe faiſoit à Lyon des Ouvrages de M. *Baglivi*, fameux Médecin de Rome, & l'enrichit d'une Préface écrite avec beaucoup d'élégance & de nèteté, dans laquelle il expoſe la nature des Ouvrages de M. *Baglivi*, rend compte des Additions faites à cette Edition, & répond à ce qu'on avoit mal à propos oppoſé de bouche

(*a*) *An Functiones à Fermentis.*

(*b*) Préſident Me *Claude Puilon.*

(*c*) *An Chronicorum Morborum Medicina in Alimento.*

(*d*) Préſident, M. *Aforti*, le Père.

(*e*) *An Morbi à ſeroſa Colluvie?*

(*f*) Soutenue par Me *Philippe-Bernard de Bordegaraie, & M. Hecquet* y préſidant.

(*g*) *An Remediorum cura ſupellex?*

& par écrit à l'Auteur. Il y traite aussi d'une maniere très-savante de l'usage, des differences & du choix des Sistèmes; & sur-tout de l'utilité de celui de M. *Baglivi*, fondé sur la découverte de la *Fibre motrice*, dont cette Préface fait voir l'excellence & les avantages. La même année vit paroître deux Thèses de la composition de M. *Hecquet*. Dans la premiere, il prouve que la (*a*) Saignée remédie au défaut de la Transpiration insensible. (*b*) La nécessité d'ordonner la boisson aux malades & le danger de la leur refuser, sont deux points établis dans la seconde. Elles furent soutenues (*c*) l'une & l'autre dans les Ecoles avec un applaudissement presque général.

Il donna dans la suite une Traduction de sa Thèse sur la Saignée. Il en fut parlé dans le Journal des Savans, & M. *Hecquet* crut qu'on avoit eu dessein de le tourner en ridicule. Il prit aussitôt la plume pour la défense des Principes qu'il s'étoit efforcé d'établir. Mais comme sa Réponse ne put passer au Sceau, parce qu'on la qualifia d'*Ouvrage plein d'invectives*, il prit le parti de la faire imprimer secrètement. Voilà quelle fut l'occasion du premier Livre qu'il publia sous ce titre : EXPLICATION PHYSIQUE *& Méca-*

(*a*) *An impeditæ Transpirationi sanguinis missio?*

(*b*) *An Potus ægris interdicendus?*

(*c*) La premiere par M. *Antoine Pepin*, le 7. de Fevrier, M. *Hecquet* y présidant; & la seconde, par M. *Jean Hermens*, le 21. du même mois, M. *Hecquet* y présidant pour M. *Honoré Michelet* premier Médecin du Roi d'Espagne.

nique des effets de la Saignée & de la Boisson, dans la Cure des Maladies, avec une Réponse aux mauvaises plaisanteries, que le Journaliste de Paris a faites sur cette Explication de la Saignée. (*a*) Une Préface se présente d'abord, & rend compte de l'occasion & des avantures de cet Ouvrage. On trouve ensuite la Traduction de la *Thèse sur la Saignée*, précédée d'un Avertissement, qui contient les raisons que l'on avoit eues de la composer. L'Extrait du *Journaliste* vient après, suivi de la Réponse, qui dans quelques endroits a réellement trop de vivacité. Mais il faut avouer aussi que l'apparence de ton ironique qu'a l'Extrait, n'étoit que trop capable d'exciter la bile d'un Auteur Picard. La dernière Pièce du Volume est la *Thèse sur la Boisson*, avec un Avertissement, qui contient les raisons que M. *Michelet* premier Médecin du Roi d'Espagne, eut de procurer la composition de cette *Thèse*, dont il devoit être le Président. L'Auteur de l'Extrait de la Thèse sur la Saignée (*b*), ne laissa pas M. *Hecquet* sans replique. Il le refuta savament dans un Livre qui parut en 1710. avec ce titre : REMARQUES *de Médecine sur differens sujets, principalement*

(*a*) C'est un petit *in*-12. Le Frontispice porte à Chamberi chés *Jean Gorin*, 1707. Mais le Livre fut réellement imprimé en France.

(*b*) *In*-12. à Paris, chés *Laurent d'Houri*. Cet Ouvrage est muni des Approbations de M. *Vernage* Docteur Régent & ancien Doyen de la Faculté de Médecine de Paris, & de MM. *Du Frêne* & *Philippe Douté*, Docteurs Régens.

sur

ſur ce qui regarde la Saignée, la Purgation, & la Boiſſon, Par M. NICOLAS ANDRI, *Docteur Régent de la Faculté de Médecine de Paris, Lecteur & Profeſſeur Royal.* On s'attend bien que je ne m'aviſerai pas d'entrer ici dans le détail de cette querelle littéraire : il ne m'appartient (*a*), ni d'adjuger la victoire à l'un des deux Combattans, ni de vouloir les concilier. Ce ſont deux grands Maîtres, qui ſoutiennent des Hipothèſes contraires, & qui tendant au même but par des voies différentes, ne peuvent pas manquer de ſe réunir dans le ſeul point eſſentiel, c'eſt-à-dire dans la guériſon des Maladies.

En 1708. M. *Hecquet* fit imprimer (*b*) ſes Diſſertations, DE L'INDE'CENCE *aux hommes d'accoucher les Femmes, & de l'obligation aux Femmes de nourrir leurs enfans : pour montrer par des raiſons de Phyſique, de Morale & de Médecine, que les Meres n'expoſeroient ni leur vie ni celle de leurs enfans, en ſe paſſant ordinairement d'Accoucheurs & de Nourrices.* Dans la première Diſſertation, Ouvrage dicté par la raiſon & la piété, l'Auteur s'élève fortement contre un abus qu'on ne doit pas eſpérer de voir finir. Après avoir prouvé par un détail d'érudition curieuſe, que les Accoucheurs, inconnus à toute l'Antiquité, ſont de très-fraiche datte, & que dans toutes les Nations on s'eſt toujours ſervi de Sages-femmes, il établit, 1°. Que l'uſage des Accoucheurs n'eſt

(*a*) *Non noſtrum inter vos tantas componere lites.*

(*b*) A Trévoux, chez *Etienne Ganneau.* in-12.

pas moins contraire à la pudeur naturelle, qu'aux maximes du Christianisme ; 2°. Qu'ils n'ont rien qui les rende supérieurs aux Sages-femmes, & qu'ils ne pourroient être admis que dans ces cas extrémement rares, où l'on mandoit autrefois les Chirurgiens, c'est-à-dire quand il est nécessaire d'appeller les *Ferremens* au secours de la nature : 3°. Que *la coutume de se servir d'Accoucheurs est moins un usage à recevoir, qu'une entreprise à réprimer :* 4°. Que *les Femmes sont aussi capables de pratiquer les accouchemens, que les hommes.* M. de *Vaux*, célebre Chirurgien de Paris, a prétendu refuter cet Ouvrage par une courte (*a*) Dissertation qui le laisse subsister tout entier, sans l'avoir même effleuré. M. *Hecquet* montre d'abord dans la seconde Dissertation que les *Meres sont obligées par le droit naturel de nourrir leurs enfans ;* ce qu'il prouve en particulier par les suites de l'Accouchement, qui manifestent l'intention de la nature. 2°. Il examine si l'on s'est toujours servi de nourrices, & prouve que ce qui s'en trouve dans les livres des Anciens n'autorise point les Meres à se décharger sur d'autres d'une obligation indispensable. 3°. Il indique les dangers que l'on fait courir aux Enfans, que l'on

(*a*) On la trouve dans la II. Partie du tome III. des *Mémoires d'Histoire & de Littérature*, imprimés chez *Simart.* Elle a pour titre : *Dissertation concernant la Chirurgie des Accouchemens, tant sur son origine, que sur le progrès qu'elle a fait en France jusqu'à présent.*

met en nourrice, & ceux ausquels s'exposent les Meres qui ne nourrissent point leurs Enfans. 4°. Il détaille les inconvéniens qui résultent de l'usage des Nourrices par rapport à l'union des Familles & par rapport au bien des Etats. 5°. Il expose la fausseté des motifs sur lesquels les Meres se dispensent de nourrir. 6°. Il établit les véritables causes de dispense. 7°. Enfin il enseigne les précautions que doit prendre une Mere obligée de se servir de Nourrice, & donne quelques conseils importans sur le choix des Sevreuses. Chacune de ces Dissertations est précédée d'un Avertissement sur les motifs, qui les ont fait entreprendre & publier. Les raisons Physiques, Morales & Chretiennes sur lesquelles l'Auteur se fonde, paroissent mises dans un si grand jour, que l'on n'apperçoit pas ce qu'on pourroit y répondre.

La même année 1708. vit paroître le *Traité des Dispenses du Carême* (*a*), &c. Il reparut (*b*) ensuite en 1715. avec des additions considérables, sous ce titre : TRAITE' *des Dispenses du Carême, dans lequel on découvre la fausseté des prétextes qu'on apporte pour les obtenir, en faisant voir par la Mécanique du Corps les rapports naturels des Alimens maigres avec la nature de l'Homme ; & par l'Histoire, par l'Analyse, & par l'Observation, leur convenance avec la santé. Seconde Edition revûe, corri-*

(*a*) *In*-12. à Paris chez *Frédéric Leonard*.

(*b*) Il s'en étoit fait une seconde Edition en 1709. avec quelques legers changemens.

gée & augmentée par l'Auteur de deux Dissertations, l'une sur les Macreuses & l'autre sur le Tabac (*a*). Un Médecin tel que M. *Hecquet*, chez qui l'étude de la Religion avoit précédé celle de la Médecine, qu'elle accompagnoit toujours, ne pouvoit voir sans douleur les saintes loix du Jeûne Ecclésiastique négligées ou méprisées, sans que son zèle s'échauffât. Ce fut le motif qui lui mit la plume à la main, non pour combattre l'usage légitime des *Dispenses*, que la sage condescendance de l'Eglise a cru devoir accorder à la foiblesse de ses enfans, mais pour établir les cas où l'on peut légitimement y recourir. Son Ouvrage a trois parties.

Dans la première, après avoir fait voir que le trop d'amour pour la vie, ou le trop d'inquiétude pour la santé cause les frayeurs que l'on a du Carême, qui n'a rien de fort extraordinaire en lui-même, ni de trop austère ; il examine en général quels sont les alimens qui conviennent le plus particulièrement à l'homme, & pose d'abord ce grand Principe, que *La nourriture la plus propre à l'homme, est celle que l'estomac digère plus parfaitement, & dont le sang s'accommode le mieux.* Une courte explication de la manière dont s'opère le *broyement*, qui fait la Digestion, & des raisons qui lui font rejetter l'opinion des *Ferments*, le conduit à conclure que *Les alimens les plus sains & les plus naturels sont ceux qui se broyent le*

(*a*) 2. Vol. *in*-12. Paris, *François Fournier.*

plus aiſément, & dont les ſucs ſont analogues ou ſemblables aux ſucs qui ſervent à l'entretien de la vie. Ces qualités ſe trouvent réunies dans les fruits, dans les grains, dans les racines, dans les herbages & dans les légumes ; & c'eſt ce qui le porte à leur donner la préférence ſur tous les autres alimens. Il entre ſur chacune de ces choſes dans le détail le plus curieux & le plus utile. Il paſſe enſuite aux Poiſſons, inconnus dans les Jeûnes de l'ancienne Egliſe. Poiſſon de mer, Poiſſon d'eau douce, Poiſſon ſalé, Teſtacées, Coquillages, tout eſt examiné, du moins les eſpeces les plus communes. Il prouve qu'après les fruits de la terre ce ſont les alimens les plus propres à l'homme. Pour les Amphibies, dont on fait uſage en Carême, comme les Tortues, les Loutres, les Macreuſes, les Pilets, les Blairies & quelques-autres, il ne les conſidère que comme des Oiſeaux, ou des animaux terreſtres. C'eſt pour cela qu'il s'étonne que l'on ait pû ſe permettre ces ſortes d'alimens dans les jours de Jeûne & d'Abſtinence. La Grenouille ſeule trouve grace à ſes yeux. Sa chair a, ſelon lui, des ſucs, dont les qualités paroiſſent les mêmes que celles des ſucs de la chair de Poiſſon. Il fait voir enſuite que les maux dont on rejette la cauſe ſur le Carême, ſont des ſuites naturelles, ou de l'habitude de manger de la chair, ou de l'intempérance, ou de la diſproportion des boiſſons avec les alimens ſolides, ou de la variété des mets, que l'on ſe permet en

Carême, ou de la nature & de l'excès des assaisonnemens. Ce dernier article le fait passer à l'examen des différentes sortes de choses qui peuvent entrer dans la préparation des alimens maigres. Tous ces détails, qui sont immenses, le conduisent à son objet principal. Il fait voir la nécessité, la nature, l'antiquité, l'étendue, & la différence des *Dispenses*. Il établit les raisons sur lesquelles on peut les demander & les donner ; les regles qu'il faut suivre, & les précautions qu'il faut apporter en les accordant, & de quelle manière il en faut user ; enfin à qui l'on doit s'addresser pour les obtenir. Il traite aussi des moyens d'adoucir l'Abstinence, & de rendre le maigre supportable, & des raisons de permettre l'usage des œufs. Cette portion de la première partie est un mélange de Physique, de Théologie, & d'Erudition Ecclésiastique.

La seconde Partie offre encore la Théologie jointe à la Physique. M. *Hecquet* s'y propose d'expliquer la nature & les avantages du Jeûne. Il entreprend d'abord de faire voir, en passant, qu'il est plus convenable de manger peu que de manger beaucoup, & de faire deux repas que de n'en faire qu'un seul. Il prétend même, malgré l'opinion commune, que le repas du soir doit être plus ample que celui du matin. Il montre ensuite l'antiquité du Jeûne ; il le trouve établi dans tous les tems & dans toutes les Religions. Il détaille tout ce qui concerne le Jeûne des Chretiens, & fait voir en quoi consiste véritablement ſa pratique, quelles cauſes peuvent exempter de l'obſerver, ſuivant quelles régles on peut en diſpenſer, & quels ſont les cas, où l'on peut légitimement en mitiger la rigueur.

La troiſième Partie traite de la Boiſſon en Carême. Selon l'eſprit de l'Egliſe, l'obligation du Jeûne entraine celle de quelque retranchement dans la Boiſſon. La plus ſimple & la moins nourriſſante eſt la plus conforme à l'intention de la nature. Elle ne doit ſervir que de délayant, pour aider la digeſtion des alimens, & de véhicule pour porter le ſuc nourricier aux différens canaux par leſquels il doit paſſer. L'eau, la ſeule boiſſon donnée par la nature, devroit donc être préférée à toutes les autres. L'ancienne Egliſe interdiſoit l'uſage du vin les jours de Jeûne; ce qui s'eſt perpétué juſqu'au huitième Siècle, que la Diſcipline s'eſt un peu relâchée ſur ce point. La ſévérité de l'Auteur ne va pourtant pas juſqu'à faire un crime du vin pris modérément pendant le Carême. Il n'en propoſe alors l'abſtinence entiere que comme un *ſacrifice*, qui *couteroit plus à la volupté qu'à la nature*, & qui feroit moins perdre à la ſanté que gagner à la penitence. Après quelques reflexions ſur la nature des Liqueurs *enivrantes*, il examine les avantages & les inconvéniens des Boiſſons les plus connues, & ſouhaite que pendant le Jeûne on s'interdiſe au moins toutes ces Liqueurs ſpiritueuſes, qui, ſelon lui, ne ſont pas moins contraires à la ſanté, que funeſtes à la vertu. Les Boiſſons chaudes, telles que le Thé, le Caffé, le Chocolat, ſont examinées à leur tour avec un détail très-curieux d'Hiſtoire & de Phyſique. Il ſemble à l'Auteur que leur uſage modéré pourroit par indulgence remplacer celui du vin. Il débat auſſi la queſtion, ſi la boiſſon rompt le Jeûne, & ſe décide pour l'affirmative par des raiſons qui paroiſſent ſans replique, accordant ſeulement un peu d'eau pour appaiſer l'ardeur de la ſoif. Il fait mieux ; il donne les moyens de la prévenir ; & termine ſon Traité par l'examen des raiſons ſur leſquelles on peut accorder la permiſſion de boire en Carême hors des repas.

On a vû par le titre de l'Ouvrage, que le Tabac fait auſſi la matière des obſervations de l'Auteur. Quoique ce ne ſoit pas proprement un aliment, M. *Hecquet* prétend qu'il rompt le Jeûne, parce qu'il nourrit en quelque ſorte, en conſolidant, en fortifiant, en s'oppoſant à la diſſipation des ſucs nourriciers. C'eſt pour cela qu'il en interdit l'uſage pendant le Jeûne, ou qu'il le reſtreint du moins aux heures des repas. Cette déciſion ne paroîtra point trop extraordinaire, quand on ſçaura qu'en général il regarde le Tabac comme pernicieux, de quelque manière qu'on en faſſe uſage. L'importance du ſujet & la multiplicité des matières traitées dans cet Ouvrage, ſont cauſe que je me ſuis ici plus étendu que je n'ai deſſein de faire ſur tous les autres.

Les *agréables & ſçavans Paradoxes* (*a*) avancés dans le *Traité des Diſpenſes*, &c. ne furent pas généralement approuvés : M. *Andri* leur oppoſa l'Ouvrage qu'il fit imprimer en 1710. ſous ce titre : (*b*) REGIME *du Carême conſideré par rapport à la nature du corps & des alimens. En trois Parties ; Où l'on examine le ſentiment de ceux qui prétendent que les alimens maigres ſont plus convenables à l'homme que la viande : où l'on traite, à ce ſujet, de la qualité & de l'uſage des légumes, des herbages, des racines, des fruits, des poiſſons, &c. Et où l'on éclaircit pluſieurs queſtions touchant l'Abſtinence & le Jeûne, ſuivant les principes de la Phyſique & de la Médecine ; entre autres, ſi l'on doit défendre en Carême l'uſage de la Macreuſe & du Tabac.* Le même Ouvrage augmenté conſiderablement & retouché dans toutes ſes parties, fut réimprimé trois ans après (*c*) avec ce nouveau titre : TRAITE' *des alimens du Carême, où l'on explique les differentes qualités des légumes, des herbages, des racines, des fruits, des poiſſons, des amphibies, des aſſaiſonnemens, des boiſſons*

(*a*) J'emprunte cette expreſſion d'une Lettre de Mr. *Fagon*, en datte du 2. Juillet 1711. par laquelle il prie M. *Hecquet* de le diſpenſer d'accepter la Dédicace d'un de ſes Ouvrages. *Il eſt bon*, lui dit-il, *de vous conſerver des Avocats, qui ne paroiſſent point intéreſſés. Réſervez-moi donc Monſieur, pour cet uſage ; laiſſez moi libre défenſeur de vos ſçavans & agréables Paradoxes.*

(*b*) *In*-12. Paris, *J. B. Coignard.*

(*c*) En 1713. à Paris, chez *J. B. Coignard*, en 2. vol. *in*-12.

même les plus en usage, comme de l'eau, du vin, de la biere, du cidre, du thé, du caffé, du chocolat : & où l'on éclaircit plusieurs questions importantes sur l'Abstinence & sur le Jeûne, tant par rapport au Carême, que par rapport à la santé. L'Auteur s'attache par-tout à réfuter les principes établis par M. *Hecquet*, tant sur la nature des alimens maigres & des avantages, qui peuvent en revenir pour la santé, que sur la Digestion opérée par le broyement. Cet Ouvrage est fort méthodique, très-bien écrit & très-bien raisonné. La défense expresse de M. *Andri* m'empêche de m'étendre sur les loüanges qu'il mérite ; mais sa modestie ne doit pas s'offenser, si j'ajoute qu'en lisant son Livre, après celui de M. *Hecquet*, on sera parfaitement instruit de tout ce qu'il faut sçavoir touchant les différentes matières qu'ils traitent l'un & l'autre.

Les nouveaux principes que M. *Hecquet* avoit annoncés touchant la Digestion, trouvèrent encore d'autres contradicteurs que M. *Andri*, M. *de Vieussens* le pere, Docteur de la Faculté de Médecine de Montpellier, Médecin du Roi, Associé de l'Académie des Sciences de Paris, & Membre de la Societé Royale de Londres, se déclara contre, par un Ecrit : DE *la nature & des propriétés du Levain de l'Estomac*, inséré dans les *Mémoires de Trévoux*. Les Journalistes, en donnant l'Ecrit de M. *de Vieussens*, invitèrent M. *Hecquet* à prendre la défense de son Sistème de la *Trituration*. Lui-même en sentit la nécessité. C'est ce qui fit qu'il se hâta d'instruire le Public de ce qu'il méditoit sur ce sujet, par de courtes Remarques sur la Dissertation de M. *de Vieussens*. Elles parurent sous ce titre : DE *la Digestion des alimens, pour montrer qu'elle ne se fait pas par le moyen d'un levain, mais par celui de la Trituration ou du broyement, contre l'article* XIII. *des Mémoires de Trévoux, en Janvier* 1710. Ces Remarques contiennent tout le plan de l'Ouvrage qu'il projettoit & combattent pied à pied tout ce que M. *de Vieussens* avoit dit en faveur des levains. M. *Hecquet* lui répondit ensuite plus en détail dans le Chapitre XVII. de la premiere Partie de son *Traité de la Digestion.*

Le 28. de Janvier 1712. il fit soutenir (*a*) dans les Ecoles de Médecine une Thèse dans laquelle il examine (*b*) si les maladies viennent du broyement des Solides, & conclut pour l'affirmative. Cette Thèse fut en quelque sorte l'annonce de son Ouvrage sur la même matière, qui parut la même année sous ce titre : DE *la Digestion des alimens, & des maladies de l'estomac, suivant le sistème de la Trituration ou du Broyement, sans l'aide des levains ou de la fermentation, dont on fait voir l'impossibilité en santé & en maladie.* (*c*) Il est muni des Approbations de seize (*d*) des plus célebres Confréres de l'Auteur.

(*a*) Par M. *J.B.Th. Martinenq. M.Hecquet* présida.

(*b*) *An Morbi à Solidorum tritu?*

(*c*) *In*-12. Paris, *Cavelier.*

(*d*) Les Approbateurs du Traité de la Digestion,

M. *Hecquet* dans une ſçavante Préface rend compte des raiſons qui lui firent entreprendre cet Ouvrage. Il le défend contre le préjugé qui pourroit naître de l'idée d'un nouveau ſiſtème, & s'étend ſur les avantages & les inconvéniens qui réſultent pour la Médecine de ce qu'on appelle Siſtème. Il fait enſuite l'énumération de tout ce que ſon Art peut gagner par le moyen de la *Trituration*, qui peut conduire à la guériſon de bien des maladies accoutumées à ne point céder aux remédes. Il finit par exhorter ſes Confrères à faire une étude profonde d'un Siſtème, qui lui paroît conforme en tout aux vues de la nature, & qu'il ne croit fondé que ſur des raiſons de pratique & d'uſage.

Le *Traité de la Digeſtion* a deux Parties (*a*), la premiere eſt occupée toute

ſont MM. *le Moine* Docteur Régent, & l'ancien des Doyens de la Faculté; *De la Carlière* Docteur Régent, Médecin ordinaire du Roi, & premier Médecin de M. le Duc de Berri; *Maillard*, *Bellêtre*, *Gelli*, *Thuillier*, & *Finot*, Docteurs Régens; *Litre* & *Lémeri*, Docteurs Régens, & de l'Académie Royale des Sciences; *Berger* Docteur Régent, Médecin ordinaire du Roi, & Membre de l'Académie Royale des Sciences; *Reneaume* Docteur Régent, Profeſſeur des Ecoles, & Membre de l'Académie Royale des Sciences; *Du Tal*, Docteur Régent & Profeſſeur de Pharmacie; *Azévédo*, Docteur Régent, & Profeſſeur des Plantes; *Pepin* Docteur Régent & Profeſſeur des Ecoles; *Winſlow* Docteur de la Faculté de Paris, & Membre de l'Académie Royale des Sciences; *Du Vernei* Médecin du Roi, Membre de l'Académie Royale des Sciences; & Profeſſeur en Anatomie & en Chirurgie au Jardin du Roi.

(*a*) J'avertis que dans le Précis que l'on va lire,

entière à développer les différentes parties du Sistème de la *Trituration*. L'Auteur commence d'abord par donner l'idée de la *Digestion de l'estomac.* Selon lui, c'est *une opération naturelle par laquelle les alimens sont mis en état de servir à la nutrition.* Pour celle-ci, c'est une autre opération *par laquelle les alimens ainsi préparés s'appliquent aux parties qui ont à se nourrir, & s'y incorporent.* Ainsi la *Digestion* n'est point une production de nouvelles substances; c'est un développement de celles qui sont dans les alimens, une désunion, une séparation, une dissolution des matières. Ce n'est donc point des Principes, mais des *Parties intégrantes*, que la *Digestion* dissout; & ces *Parties intégrantes*, en *perdant leur forme, sans quitter leur nature, restent propres à se corporifier, ou à composer des parties semblables à celles dont elles sont comme les décombres ou les débris.* Cette idée de la *Digestion* anéantit la transmutation des alimens en nouvelles substances. C'est d'après quelque chose de cette nature qu'il falloit partir pour réfuter les Sistèmes décriés de l'*Elixation*, de la *Putréfaction*, de la *Macération* & de la *Fermentation.* De courtes reflexions suffisent pour anéantir les premiers. Le dernier, comme le plus accrédité, quoiqu'il datte à peine d'un siecle, demandoit une réfutation plus étendue. C'est dans la nature du Sang & dans la structure des Parties

aussi bien que dans tous les autres, je ne fais qu'exposer les idées de M. *Hecquet*, & que je ne dis rien de moi même. Ce qui soit dit une fois pour toutes.

solides & des Organes, que M. *Hecquet* trouve de quoi combattre en détail le Sistème des *Fermens* & du *Levain de l'estomac.*, en même tems qu'il établit solidement celui de la *Trituration*. Il est certain du moins qu'on ne peut rien repliquer à ce qu'il répond au reproche de nouveauté, que l'on faisoit à ce Sistème. Il doit sa naissance au célebre *Erasistrate.*, qui vivoit six cens ans avant *Galien. Dionysius Ægeus*, autre sçavant Médecin, l'avoit adopté dans un Ouvrage, dont la Bibliothéque de *Photius* nous a conservé l'Extrait. On en trouve même des traces dans *Ciceron*. Celui de la *Fermentation*, reçu par le commun des Médecins, a pour père M. *Willis*, ou peut-être *Van-Helmont.* Cette première Partie finit par une idée des *Sécrétions*, ou de l'*Economie animale*, expliquée par la *Trituration.*

La seconde Partie traite des *Maladies de l'estomac.* Un *Avertissement* la précede, & fait voir les avantages que la Doctrine de la *Trituration*, *qui est la science des Solides*, a sur la Doctrine de la *Fermentation*, *qui est la science des Fluides.* Ce sont de nouvelles causes de maladies, & par conséquent de nouvelles manieres de proceder à leur guérison. En vain prétendroit-on que les Sistèmes sont indifférens puisque les *Indications* & les *Effets* des remédes sont toujours les mêmes. La science des Solides oblige à se conduire d'une manière toute différente de ce que l'on avoit fait jusqu'alors. Elle enseigne les moyens de prévenir les fautes que l'on avoit commiſes, en s'attachant à la ſcience des Fluides. Elle dévoile les raiſons de certains ſuccès, dont la Médecine ne pouvoit rendre qu'un mauvais compte. Un de ſes plus grands avantages ſera de tenir le Médecin dans une attention continuelle. Plus connoiſſeur en maladies, il ſera plus exact dans ſes obſervations, & plus ſûr dans ſa pratique. Les nouveaux ſecours que la *Trituration* offre à la Médecine, s'étendent juſqu'à fournir des vûes pour la guériſon des maux incurables; & peut-être menera-t-elle juſqu'à trouver les remédes qui leur conviennent.

Le Traité des Maladies de l'eſtomac, en rapporte l'origine aux changemens qui ſe font dans la preſſion des vaiſſeaux; & montre qu'il eſt abſurde de recourir, pour la trouver, à la Fermentation des Fluides. Il eſt certain qu'en général les Digeſtions mal faites ſont les cauſes des maladies de l'eſtomac. Mais ce qu'on attribue à ſon trop de chaleur ou de froideur, à ſon relâchement, ne ſçauroit être l'effet de ces prétendues cauſes. L'eſtomac n'a point de chaleur qui lui ſoit particuliere. Il a, comme les autres Viſcères, ſa part de celle qui, répandue dans toute la machine, doit contribuer à toutes les coctions, à toutes les digeſtions qui s'y doivent opérer. Sa prétendue froideur eſt moins une cauſe, qu'un effet de maladie, & ſon relâchement eſt une impoſſibilité. C'eſt ce que l'Auteur prouve, en montrant que tout ce qu'on expliquoit inſuffiſamment par la *Fermentation* & la variété de ses accidens, s'explique aisément & nettement par la *Trituration. C'est l'action du* broyement, *plus ou moins forte, qui satisfait à tout : action d'autant préférable à l'*Acide, *qu'il est indubitable qu'elle existe dans les vaisseaux, puisqu'ils ont tous leur* sistole *ou* contraction, *leur* pression, *leur* oscillation, *ou* ressort, *au lieu que l'*Acide *ne se trouve dans le sang, ni dans le tems de santé ni dans celui de maladie.* L'estomac étant un des principaux organes de la machine animale, on ne sçauroit douter que sa fonction ne regle celles de tous les autres. Elles en empruntent leur perfection. C'est donc dans les défauts de la *coction* ou *digestion*, qu'il faut chercher les causes des maladies de l'estomac. Or ces défauts ne viennent que de ceux du *broyement.* C'est ce que l'Auteur établit en expliquant comment ces différentes maladies se forment, & comment les remédes agissent pour les guérir. Toutes ces maladies & les remédes qui leur sont propres sont examinés chacun en particulier.

En 1730. M. *Hecquet* fit réimprimer cet important Ouvrage, & l'augmenta d'un premier volume, qui contient d'abord un *Discours préliminaire sur l'étendue de la Trituration par toute l'Economie animale saine & malade : où après avoir expliqué dans une première partie l'usage & l'action des principaux remédes, sur-tout de la saignée & de la purgation, l'on répond dans la seconde au Traité de l'usage des saignées de M. Silva.* Cet illustre *Praticien* avoit attaqué ce que M. *Hecquet* avoit dit

dit dans ses *Observations sur la Saignée*, touchant les différentes saignées & l'extrême précaution avec laquelle on doit faire usage de celle du pied. La personne de M. *Silva*, dans cet Ouvrage, est aussi ménagée, que son Sistème l'est peu. Pendant que M. *Hecquet* n'oublie rien pour mettre en poudre le Traité *de l'usage des Saignées*, il se fait une loi de rendre partout justice au mérite d'un Confrére, qu'il estimoit infiniment. On trouve ensuite cinq *Lettres*. La première, *sur la Révulsion* ou la maniere de la procurer. La seconde, *sur la Révulsion dans les Maladies chroniques*, *où l'Auteur fait voir les causes des Maladies incurables dans cette Révulsion omise, imparfaite, ou manquée dans ces Maladies*. La troisième *Lettre* contient *un nouveau Sistème sur la Saignée, qui fait voir dans les connoissances de l'Anatomie moderne la nécessité de ce remède pour le rétablissement de la santé, & sa sureté pour la prolongation de la vie*. La quatrième est *sur l'incompétence du Kermès mineral pour l'usage de la Médecine, prouvée par la connoissance de sa nature, & l'incertitude de ses succès; & incidemment sur le Lilium de Paracelse*. Enfin la cinquième *Lettre* roule *sur les Maladies des yeux, pour expliquer ce qui en a été dit dans le Traité des amers*; autre Ouvrage de M. *Hecquet*, dont je parlerai dans son lieu. M. *Petit* sçavant Médecin de Montpellier, & Membre de l'Académie des Sciences, attaqua cette derniere *Lettre*; mais l'Auteur ne crut pas devoir entrer en dispute, & se contenta de lui répondre par une Addition ; où pour le fonds des difficultés il renvoye à sa *Lettre* même, qui répond à tout.

Le Tome II. renferme *le Traité entier de la Digestion & des Maladies de l'estomac ; revu, corrigé & augmenté par l'Auteur, non seulement en quelques endroits ; mais encore de plusieurs réflexions, & d'un Chapitre entier sur l'embarras des premières voies, & la part qu'il a dans les maladies.* On y trouve encore un dernier Chapitre qui répond aux objections du sçavant M. *Astruc* contre le Sistème de la Trituration. Elles se trouvent dans un Ecrit réimprimé dans ce Chapitre, & dont le titre est : *Mémoire sur la cause de la digestion des alimens.* C'est tout ce qui se pouvoit dire de plus séduisant & de plus solide en faveur de la *Fermentation* & des *Levains*, & c'est aussi ce qui méritoit le plus l'attention de M. *Hecquet.* Le volume est terminé par le *Mémoire* de M. *de Vieussens*, suivi de sa réfutation, & par la *Thèse* sur le *Broyement*, dont j'ai parlé plus haut.

A peine la premiére Edition du Traité *de la Digestion* eut-elle paru, que M. *Hecquet* fut obligé de suspendre ses travaux Littéraires. La *Faculté de Médecine* l'élut pour son *Doyen*, le 5. de Novembre 1712. Son premier mouvement fut de refuser un honneur, dont il se croyoit indigne. Il persista même quelque tems dans un refus dont ses amis s'affligèrent, & leurs instances réïterées eurent bien de la peine à le vaincre. Il ne tarda pas même à se repentir d'avoir cédé. Dès le 13. de Janvier de l'année suivante (1713.) il voulut abdiquer. Sa mauvaise santé, peut-être même quelques déboires, le portoient à cette démarche. Mais il ne put obtenir de la *Faculté* qu'elle se prêtât à ses vues. Elle chérissoit trop l'honneur, qui lui revenoit du rare mérite de son Doyen, pour y renoncer si-tôt.

M. *Hecquet*, pendant tout son Décanat, ne fut occupé que de projets, qui pussent faire honneur à la Faculté. Dans une Assemblée du 2. de Janvier 1714. il proposa de composer & de mettre au jour un nouveau *Dispensaire* de remédes ou *Code de Pharmacie*. En 1645. lorsque Philippe Hardouin de Saint-Jacques étoit Doyen, les Médecins de Paris avoient donné pour la premiere fois un pareil Ouvrage, afin qu'il pût servir à guider les Apoticaires. Ceux-ci n'avoient auparavant pour regles que leurs propres lumieres, souvent assez bornées ; & les Médecins qui se trouvoient dans l'impossibilité de compter sur les remédes qu'ils ordonnoient, ne pouvoient être frustrés dans leur attente qu'au préjudice des malades. Le Livre avoit été bien reçu. Le Public s'étoit ressenti des bons effets qu'il avoit produits. Mais depuis étant devenu rare, & la Pharmacie s'étant enrichie de beaucoup de nouveaux remédes, M. *Hecquet* sentit combien il étoit nécessaire d'en faire une nouvelle Edition augmentée de tous les secours, que la Médecine avoit acquis depuis la première. Sur sa proposition, la *Faculté* se chargea de cet utile travail, & nomma quelques (*a*) Docteurs pour y procéder avec le Doyen. Pendant le reste de la seconde année de son Décanat, on s'assembla chez lui tous les Vendredis, & l'on travailla sans interruprion. Mais l'Ouvrage ne put être achevé. (*b*)

La gloire de la *Faculté de Médecine* & de l'*Université de Paris*, fit concevoir à M. *Hecquet* un autre dessein. Ce fut de bâtir des Ecoles mieux placées & plus dignes de l'une & de l'autre. Le plan en fut dressé par le sieur *Balet de Chamblin* célebre Architecte, & remis entre les mains de M. *Fagon*, alors premier Médecin, que M. *Hecquet* avoit fait entrer

(*a*) MM. *Dominique de Farci*, *François Asorti*, *Philippe Caron*, *Michel Louis Reneaume de la Garanne Louis Léméri*, *Claude de Vergne*, *Etienne-François Geofroi*, *Philippe de la Hire*, *Hiacinte Théodore Baron*, *Antoine de Jussieu*, *Elie Col-de-Villars*, & *Jean-Baptiste Guérin*. Plusieurs Apoticaires célebres y furent appellés, entr'autres MM. *Second*, *Pradignac*, *Geofroi* de l'Académie des Sciences, *Jaussin*, *Rousselot*, *Piat* & *Villebrun*.

(*b*) Après qu'on l'eut interrompu pendant quelques années, il fut repris & continué sur les remontrances de MM. *Reneaume & de la Hire* Professeurs de Pharmacie, sous le Decanat de MM. *Emmerets*, *Andri*, & *Geofroi*. L'année 1732. le vit enfin paroître *in*-4°. chez Cavelier, avec ce titre: CODEX *Medicamentarius, seu Pharmacopæa Parisiensis, ex Mandato Facultatis Medicinæ Parisiensis in lucem edita, M. Hyacinto-Theodoro Baron, Decano.* C'est-à-dire, DISPENSAIRE *de remédes, ou Pharmacopée Parisienne, imprimée par ordre de la Faculté de Médecine de Paris, sous le Décanat de M. Hiacinte-Theodore Baron.*

dans ses vûës, afin qu'il en facilitât l'éxécution par son crédit. Les Ecoles êtoient en si mauvais ordre, comme il parut par la description, que M. *Reneaume* en fit conjointement avec un Architecte, que M. *Fagon* obtint sans peine une *Loterie* pour subvenir à des frais ausquels la *Faculté*, qui ne posséde presque rien, n'êtoit pas en état de suffire. Mais les autres Médecins de la Cour ayant négligé de joindre leur crédit à celui de M. *Fagon*, & les Doyens, qui succedèrent à M. *Hecquet*, ne s'étant pas donné les mêmes soins, cette *Loterie* ne fut point exécutée, & le projet des nouvelles Ecoles n'eut point de suite.

Comme la piété présidoit à toute la vie de M. *Hecquet*, elle ne l'abandonna pas à la tête de son Corps. Il fit ordonner par Décret, que désormais douze Docteurs Régens, six anciens & six jeunes, assisteroient à la Messe, qui seroit dite dans la Chapelle des Ecoles pour le repos de l'ame de chaque Docteur quelques jours après sa mort; & qu'on leur donneroit à chacun un Jeton d'argent.

Un des usages de la *Faculté*, c'est que les Doyens distribuent des Jetons en entrant en Charge. M. *Hecquet* satisfit au commencement de 1713. à cette coutume en donnant à chaque Docteur un Jeton d'argent où l'on voit les armes de la *Faculté* d'une part, & de l'autre, un Serpent, qui s'élance vers un Temple élevé dans un endroit escarpé. Pour Légende, on y lit: *Monstrat iter.* (Il enseigne le chemin.) Cette Devise, ou pour mieux dire, cet Emblème n'eſt pas obſcur. Le Serpent réprésente *Esculape*, & le Temple le Sanctuaire de la Médecine, c'eſt-à-dire, l'habileté dans cet Art, où l'on ne parvient que par un travail pénible, désigné par l'effort que le Serpent fait, & par la nature du terrain, où le Temple eſt bâti. Le même Emblème se trouve répété sur un côté des Jetons que M. *Hecquet* fit diſtribuer, lorſqu'il ſortit de Charge en 1714. & de l'autre eſt ſon Portrait. C'eſt une partie de l'uſage, à laquelle il avoit d'abord refuſé de conſentir, & qu'il avoit cru remplacer ſuffiſament par l'Ecuſſon de la *Faculté*. Ses Confrères & ſes amis avoient eu beau le ſolliciter, ils n'en avoient pu rien obtenir, & l'on n'auroit jamais eu ſon Portrait ſans l'adreſſe de M. *Reneaume* ſon ami particulier.

Il connoiſſoit la Dame *Belle*, ſœur de la fameuſe Mlle *Chéron*, & femme d'un Peintre eſtimé, laquelle outre le talent de travailler agréablement de miniature, poſſédoit celui de peindre de mémoire. Quelque incommodité, qu'elle avoit aux yeux, fit naître à M. *Reneaume* l'idée d'une ruſe innocente, & lui fournit le prétexte de mener cette *Dame* chez M. *Hecquet*, comme pour le conſulter. Pendant qu'il converſoit avec M. *Reneaume* & M. *Finot*, elle eut le tems de l'examiner & de s'en graver les traits & la phiſionomie dans la mémoire. De retour chez elle, elle ébaucha ſon eſquiſſe ; & pluſieurs viſites que M. *Hecquet* lui fit pour la conduire dans les remèdes qu'il lui preſcrivoit, la mirent en état d'achever ſon ouvrage. M. *Belle* en fit enſuite la copie en grand ; & l'on ne ſe cacha plus de M. *Hecquet*, qui vit que ſa réſiſtance avoit été vaine, & qui ſe prêta, quoiqu'à regret, au beſoin que le Peintre avoit de ſa préſence pour donner les derniers coups à ce Portrait, ſur lequel on grava celui des Jetons, dont je viens de parler.

Juſques dans les plus petites choſes M. *Hecquet* voulut donner à la *Faculté* des marques de ſon affection & de ſa reconnoiſſance. C'eſt pour cela qu'avant de ſortir de Charge, il orna la Salle des Aſſemblées d'une belle Pendule, & qu'il en garnit le Bureau de deux Ecritoires de bon goût.

Les fonctions du *Décanat* retardèrent un peu la publication des différens Ouvrages qu'il méditoit, ſans interrompre le cours de leur compoſition (*a*).

(*a*) Je ne fais ici nulle mention d'une Thèſe, qui fut ſoutenue dans les Ecoles le 5. de Janvier 1713. par M. François-Antoine Le Dran, ſous la Préſidence de M. *André Creſſé*, dans laquelle on examine S'IL *eſt des ſignes, qui aſſurent de la puiſſance des Hommes, autant que le font ceux qui répondent de la ſageſſe des Filles.* (AN *ut virginitatis, ſic virilitatis certa indicia.*) Elle a toujours paſſé pour être de M. *Hecquet* ; & dans ſon Eloge qu'on a fait imprimer dans le Tome XXVIII. première partie de la *Bibliothèque Françoiſe ou Hiſtoire Litteraire de la France*, qui s'imprime en Hollande, on la met au rang de ſes Ouvrages. Mais c'eſt à tort. Feu M. *Matot* Médecin de la Faculté de Paris eſt le véritable & ſeul Auteur de cette Thèſe.

Vers la fin de 1714. pour accréditer de plus en plus le Siftême de la *Trituration*, il fit paroître fon Traité Latin (*a*) DES MOYENS *de purger la Médecine de fa groffiéreté dans la cure des maladies; Où l'on arrache le mafque aux Evacuans, & l'on révéle les fraudes & les impoftures, par lefquelles les* Purgations *deshonorent & l'Art & celui qui le pratique: Où par l'explication du* Mécanifme *des Parties, on rétablit les loix, les tems & la méthode de la Purgation: Enfin où l'on anéantit la mémoire des* Fermens, *en faifant fuccomber la* Fermentation *fous les coups du* Broyement; *& par le* Siftême des Solides, *on établit des Etiologies plus folides des maladies, & des maniéres plus nobles de procéder à leur cure.*

On voit par ce Titre que dans un Ouvrage d'affez petite étendue l'Auteur embraffe une matiére très-vafte. Au refte il ne fait ici que développer de plus en plus les Principes fur lefquels il s'étoit fondé dans fes Traités des *Difpenfes du Carême*, de la *Digeftion*, & des *Maladies de l'Eftomac*. Il commence par donner la véritable idée des *Sécrétions*, qui,

(*a*) DE *purganda Medicina à curarum fordibus; Ubi detecto Evacuantium fuco, Purgationum fraudes & impoftura, fcandalo Artis & Artificis opprobrio futuræ revelantur; datoque partium* Mechanifmo, *Purgandi leges, tempora, rationes emendatæ reftituuntur: Ibique,* Tritûs *ictibus everberata* Fermentatione, Fermentorum *obliteratur memoria; tum* Solidorum fyftemate *ftabiliuntur Morborum Ætiologia folidiores & nobiliores Curæ.* in 12. Paris Guill. *Cavelier.*

felon

ſelon lui, ne ſont point la ſéparation des ſucs purs d'avec les ſucs ou matières impures ; mais ſeulement la diviſion d'une liqueur primitive, obligée de changer de forme par rapport aux différens Canaux qu'elle doit arroſer. La *Bile*, la *Lymphe*, le *Suc Pancréatique*, la *Pituite*, la *Salive*, ſont des ſucs, qui chacun ont leur utilité dans l'Economie animale, & que le ſyſtème de la *Fermentation* avoit mal-à-propos rangés dans la claſſe des *Excrémens*. Il avoit fallu les y mettre pour autoriſer l'uſage ou pluſtôt l'abus des *Purgatifs*, à qui l'on donnoit tant à nétoyer dans les *premières Voies*. Ces différens ſucs ont leurs fonctions, & les Expériences prouvent que l'intention de la Nature n'eſt pas qu'on les mette dehors. C'eſt dans une ſorte de *Sécrétions* du bas-ventre, c'eſt dans les Urines, dans les Sueurs, qu'il faut chercher les *Sucs excrémentitiels* ; & ces derniers même n'ont pas beſoin du ſecours des *Purgatifs* pour hâter leur ſortie, quand elle ſe trouve retardée par quelque dérangement. Ces remèdes y nuiſent ſouvent plus qu'ils n'y ſervent. Ces premières Idées, qui manifeſtent aſſez le deſſein de l'Auteur, l'engagent à réfuter tout ce qu'on a dit, d'après l'Antiquité, ſur la *dépuration du ſang* ; & que la connoiſſance de la Circulation & des loix de la Nature auroit dû faire abandonner. Le ſang n'a rien à rejetter, qui puiſſe s'amaſſer dans le centre du corps, & qui n'en puiſſe être expulſé que par le ſecours des Purgatifs. Ce qu'il a de superflu s'évapore par la transpiration insensible. C'est ce dont on ne sauroit douter, quand on est au fait de la *Sanguification*. Les alimens digérés se transforment en *Chyle*; & ce qui passe du *Chyle* dans les canaux où le sang s'achève, est dépouillé de ce qui dans les alimens ne peut pas se convertir en *Suc nourricier*. Ce qui s'amasse dans les *premières Voies*, cette *Sécrétion* d'impuretés n'est donc point l'effet d'une *dépuration du sang*. C'est le superflu, c'est l'inutile des alimens. Ce que les Anciens ont dit sur les causes de la Vie & de la Santé ne se trouve pas moins contraire aux loix de l'Economie animale. Ils ne les ont cherchées, ces causes, que dans les qualités bonnes ou mauvaises des différentes *Liqueurs* de notre corps; & c'est de-là que la Médecine *purgeante* croit n'avoir à s'occuper que de saletés, & d'immondices. Mais la *Santé n'est autre chose que l'harmonie des* Solides *& des* Fluides, *fruit de l'ordre constant des mouvemens des uns, & des directions justes des autres.* Le dérangement de cette harmonie produit la Maladie. Or ce dérangement ne peut être occasionné que par des variations dans les mouvemens des *Solides*. Ce qui fait évanouir la corruption du sang, les fontes des sucs & les amas d'impuretés, qu'on avoit regardés comme des causes de Maladie, au lieu que ce n'en sont que des symptômes ou des suites. Après quelques autres Notions préliminaires,

M. *Hecquet* en vient à la *Purgation*. Son dessein n'est pas de la bannir. Il convient de son utilité ; mais il se plaint du mauvais usage que l'on en fait communément. C'est donc à rétablir les loix, qu'elle doit suivre, qu'il s'applique. Pour y parvenir, il commence par expliquer l'action des différentes espéces de *Purgatifs* ; & prétend contre l'opinion commune, que ce n'est point dans les *Liqueurs*, mais dans les *Solides*, qu'elle se passe. La première des loix qu'il prescrit au Médecin, c'est qu'il ne doit point recourir de son propre mouvement à la *Purgation*. Il faut qu'il observe les momens, où la Nature veut elle-même la procurer, afin de l'aider alors de tout son pouvoir. C'est donc sur le tems & les circonstances de la Maladie qu'il doit se déterminer. Il n'est pas moins dangereux de purger mal-à-propos, que de provoquer les sueurs, ou l'augmentation des urines, quand la nécessité n'en est point indiquée. Il est pourtant des cas où les Maîtres de l'Art s'écartent avec succès des régles ordinaires. Mais ces exemples particuliers ne concluent rien par rapport à la *Purgation*, qui fait partie de la Cure dans toutes les Maladies, & qui s'emploie pour mettre dehors les Humeurs, qui les entretiennent. Il a de tout tems été décidé qu'on ne devoit point en faire usage dans les commencemens de la Maladie, mais qu'il falloit attendre qu'elle eût épuisé tous ses efforts, & se contenter, en attendant, d'humeûter & de rafraîchir. M. *Hecquet* démontre parfaitement la sagesse de cette ancienne méthode. Si les Humeurs, qu'il faut évacuer, étoient renfermées dans un même endroit & qu'elles n'eussent besoin que d'une force, qui les chassât dehors, on pourroit placer les *Purgatifs* à son gré. Mais bien loin que ces Humeurs soient rassemblées dans un seul endroit, elles se logent dans cette infinité de canaux, dont le corps est composé. Le *Purgatif* doit donc rendre à ces canaux le ressort, dont ils ont besoin pour opérer l'épanchement de leurs sucs. Il ne faut pas oublier que ces sucs, qui forment les Maladies, sont les mêmes qui devoient, après avoir fourni le nécessaire de la nourriture, se dissiper par la transpiration. Ces sucs refluans sur eux-mêmes dans leurs canaux y sont retenus. Quelquefois ils font effort pour se dégager, & ne pouvant entrer dans leurs *Excrétoires*, qui se trouvent bouchés, ils se jettent dans des canaux voisins, destinés à renfermer d'autres sucs. De-là naît la confusion des sucs, qui remplissant des canaux étrangers, préparent au Médecin un ouvrage d'autant plus difficile, que la force & la précipitation n'y peuvent rien. Le tems & la prudence ont seules droit d'en venir à bout. Il faut de l'adresse pour séparer les sucs les uns d'avec les autres, & pour les rendre chacun aux Vaisseaux, qui doivent les recevoir. La légitime dispensation des sucs rétablie, le Sang reprend l'égalité de sa circulation;

les *Sécrétions* ſuivent leur ordre naturel ; les Fonctions ſont remiſes en vigueur & la Santé ſe trouve de retour. Il ſuit de ce détail que toute *Purgation* eſt inutile, ou même dangereuſe, tant que les Humeurs confondues roulent avec le ſang, ou tant que les divers ſucs rempliſſent d'autres canaux que les leurs. Le but de la Purgation eſt de débarraſſer le *ſuc nourricier* des autres ſucs, qui peuvent s'y mêler, & de le ramener dans ſes *Sécrétoires*. Cette idée ſi ſimple fait diſparoître les chiméres de *Précipitations*, de *Colliquations*, de *Deſpumations*, de *Dépurations*. Termes malheureuſement empruntés de la Chymie, & qui doivent ſuivre le ſort de la Doctrine des *Fermens* & de la *Fermentation*. Les *Purgatifs irritent*, & ne *fermentent* point. Ils *picotent*, & ne *bouillonnent* point. Ils opérent, en mettant les *Solides* en mouvement, & non en augmentant par eux-mêmes la fluidité des *Liquides*. Ils ne forment point les Humeurs, ils les trouvent toutes formées; ils ne les contraignent point, ils les conduiſent, où leur pente les entraine, & les déterminent à ſe remettre chacune en poſſeſſion de ſon poſte. La Purgation n'eſt donc autre choſe que le rétabliſſement de la *détermination*, de la *direction* des Humeurs. Il me ſuffit d'avoir annoncé les différens Principes ſur leſquels tout cet Ouvrage eſt fondé. J'ajoute que M. *Hecquet* adopte les loix de la *Purgation* preſcrites par *Hippocrate*. Elles ſe réduiſent à deux principales que voici. 1°. *Ne point donner de Médecine à ceux qui ſont en état de crudité. 2°. Conduire les Humeurs au but, qu'elles ſe propoſent, & les faire paſſer par les routes, que la Nature leur a marquées* Je ne ſais ſi je me trompe, mais il me ſemble que l'Auteur ne promet rien dans ſon Titre qu'il n'exécute, à l'aide de la Phyſique la plus ſolide & d'une manière de raiſonner extrèmement exacte.

Il a mis à la tête de cet Ouvrage un (*a*) *Diſcours préliminaire*, dans lequel il relève le mérite de la méthode qu'Hippocrate a ſuivie dans ſes Ecrits; donne de juſtes louanges à ceux qui l'ont imité; fait voir les inconvéniens dans leſquels ſont tombés ceux qui ſe ſont ouvert d'autres routes; s'étend ſur les avantages qu'on peut retirer, & ſur les dommages qui peuvent naître des nouveaux Livres de Médecine ſelon la méthode à laquelle leurs Auteurs ſont attachés, & montre de quelle maniére on s'y doit prendre pour faire l'examen ou la critique de ces Livres. Tout ce qu'il dit ſur ces différens ſujets me paroît d'autant plus judicieux, qu'il veut que, ſoit en écrivant ſoi-même, ſoit en jugeant les Ecrits des autres, on n'ait point d'autre vûe que de travailler à perfectionner la pratique de la Médecine. Il fait auſſi par occaſion l'Apologie du ſyſtême des *Solides*, & rend compte des raiſons, qui l'engagent à ſe déclarer contre le

(*a*) PROLOQUIUM *de tolerandis Medicinæ novis Libris, ubi de illorum utilitate aut damno, de cenſura illorum aut judicio.*

trop grand usage des *Purgatifs*.

Depuis 1714. jusqu'en 1722. M. *Hecquet* ne fit rien imprimer. Ce fut cette dernière année qu'il donna l'Ouvrage qui porte ce Titre : (*a*) LA MEDECINE *exposée sous un nouveau jour ; où l'on fait voir que les irrégularités de la circulation du Sang produisent les dérangemens des* Sécrétions, *& les mélanges non naturels des sucs & des humeurs ; d'où l'on proscrit les rèveries sistématiques des* Etiologies, *pour tirer les vraies causes des Maladies, & les véritables moïens d'y remédier des désordres, qui surviennent aux loix des mouvemens du Sang. Deux parties, dont la premiére est* Phisiologique, *& la seconde* Pathologique. *A la fin se trouve une* Addition sur la Peste, *conformément aux mêmes loix de l'Economie animale.* L'Auteur persuadé du tort que les différens sistèmes philosophiques, ont fait à la Médecine, essaie de ramener ses Confrères à l'intention de la Nature. La Maladie, comme la Santé, consiste dans le mouvement. Tout mouvement a des périodes, des dégrés, des intervales, des raports, qui lui sont particuliers. Il ne s'a-

(*a*) NOVUS *Medicinæ conspectus, ubi ex sanguinis circuitus anomaliis* Secretionum *errata, miscellanea succorum & humorum adulteria deducuntur ; missisque systematicis* Ætiologiarum *deliriis, ex turbatis sanguinis motuum legibus eruuntur geminæ morborum causæ, veræque medendi leges Pars prima, quæ* Pysiologica *est. Pars secunda, quæ* Pathologica *est. Accedit Appendix de* Peste, *iisdem œconomiæ animalis legibus stabilita.* Paris *Guil. Cavelier*, 2. Vol. *in*-12.

git donc que d'en obſerver & d'en étudier les phénomènes ; & d'en faire une combinaiſon exacte & proportionnée aux différences d'âge, de ſexe, de ſaiſon, de climat. C'eſt ainſi que la voie de l'Obſervation peut conduire les Médecins à la guériſon des Maladies. Telle eſt la baſe de tout cet Ouvrage, que M. *Hecquet* diviſe en deux parties. Dans la première il traite de la nature du Corps, & dans la ſeconde de celle des Maladies. Il parle enſuite des Remèdes conformément aux Principes établis dans le cours de l'Ouvrage. L'occaſion de la Peſte, dont la Provence étoit alors affligée, engagea l'Auteur à faire à cette horrible Maladie une application particulière des régles générales, dont il croïoit avoir démontré la vérité. C'eſt le but de ſon *Addition ſur la Peſte.*

Il fit imprimer la même année cet autre Ouvrage ſur la même matière : (*a*) TRAITE' *de la Peſte, où en répondant aux Queſtions d'un Médecin de Province ſur les moyens de s'en préſerver ou d'en guérir, on fait voir le danger des Baraques ou des Infirmeries forcées. Avec un Problème ſur la Peſte.* Le but de ce Traité n'eſt pas de décider ſouverainement de la manière de traiter la Peſte, mais ſeulement d'expoſer les différentes méthodes que de grands Maîtres ont ſuivies avec ſuccès. Convaincu que la Peſte s'attache moins aux Humeurs qu'aux Eſprits, on

(*a*) A Paris chez Guill. *Cavelier.* Vol. in-12. d'environ 300. pages.

donne ici moins de créance aux *Evacuans*, qu'aux Remédes, qui préviennent la fougue des Esprits, qui rabatent leurs écarts & qui redressent leurs irrégularités. On fait valoir la *Saignée*, heureusement pratiquée dans cette Maladie par d'habiles Médecins; on relève le prix des *Sudorifiques*, des *Acides*, des *Narcotiques*, des *Absorbans* & des *Fébrifuges*, suivant les *doses*, les *correctifs* & les assortimens nécessaires. En un mot ce Traité renferme dans un court espace comme des modèles de méthode pour traiter la Peste, dans lesquels la prudence & le discernement du Médecin peut trouver à se fixer aisément, en appercevant d'un coup d'œil ce que l'on a pratiqué le plus heureusement, & ce que l'on peut le plus légitimement mettre en usage pour parvenir à la guérison, suivant les régles de l'Art, & selon les différences, ou de la Maladie en elle-même ou de ses simptomes.

Dans le *Problème sur la Peste* M. *Hecquet* examine si cette Maladie est réellement incurable. Il conclut qu'on la peut guérir, parce qu'elle est du genre des Maladies dont les causes sont connues; & qu'en suivant les indications de la Nature, on lui peut opposer des Remèdes convenables.

Le 18. de Mars 1723. il fit soutenir dans les Ecoles une (*a*) *Thèse*, dans laquelle il prouve que (*b*) *la Loi du Carême est une image des Loix du Créateur & de la Na-*

(*a*) Elle fut soutenue par M. *Guillaume-Joseph de l'Epine.*

(*b*) *An Creatoris & Naturæ Legum imago Carnisprivii Lex?*

ture. C'est à proprement parler un précis fort court de son Traité des Dispenses.

En 1724. parurent (*a*) dans un seul Volume quatre Ouvrages différens ayant tous apport à la *Petite verole*, sous ce Titre commun : OBSERVATIONS *sur la Saignée du pied & sur la Purgation au commencement de la Petite vérole, des Fievres malignes & des grandes Maladies. Preuves de la décadence dans la Pratique de Médecine, confirmées par de justes raisons de doute contre l'Inoculation* (*b*). Les bornes, dans lesquelles je suis obligé de me renfermer, ne me permettant pas de m'étendre sur ces quatre petits Traités, qui tiennent un rang considérable parmi les Ecrits de l'Auteur ; je me contente de rendre compte de ses vûes, en rapportant ici le court Avertissement, qu'il a mis à la tête. „ Ces *Observations* sont „ des Réflexions ou des Pensées sur la „ Médecine ; car comme la pensée distin- „ gue l'Homme en général, elle caracté- „ rise singulièrement le Médecin. En effet „ la Médecine est l'art de penser sur la „ santé des Hommes, la science de mé- „ diter sur leur conservation. Un Méde- „ cin peut s'en tenir à des pensées se- „ crètes ou particulières, tant que se trou- „ vant dans le courant des Régles sui-

(*a*) *In-12.* Paris, *Guill. Cavelier.*

(*b*) On trouve d'abord les *Observations sur la Saignée du pied*, &c ; puis celles *sur la Purgation* ; ensuite les *Preuves de décadence dans la Pratique de Médecine* ; enfin les *Raisons de doute contre l'Inoculation de la petite Vérole.*

„ vies par tout le monde Médecin, il en „ eſt quitte pour s'y rendre lui-même at„ tentif & fidèle; mais il devient obligé de „ penſer tout haut, quand il faut avertir „ le Public du danger, où l'on met la vie „ des Hommes, par les expériences neu„ ves & les eſſais haſardés auxquels on „ les expoſe. En ce cas on penſe avec „ lui, on l'entretient de ſes dangers, on „ le met en garde contre les entrepriſes, „ qui intéreſſent ſa vie. Eſt-ce qu'on vou„ droit indiſpoſer le Public ou le ſoule„ ver contre qui que ce ſoit de ceux qui „ gouvernent la ſanté ? Certes l'on n'en „ veut à perſonne, mais un Médecin „ êtant par état l'Homme du Public en „ matière de ſanté, il lui convient d'a„ vertir que des manières d'une nouvel„ le pratique, qu'on voudroit établir dans „ le monde, ſont contraires aux loix de „ l'Art & de la Nature ". J'ajoute ſeulement que bien que l'on ſe ſoit (*a*) récrié dans le tems contre ces différentes Obſervations, elles n'en meritent pas moins l'attention de ceux qui veulent ſe rendre habiles dans la Cure des Maladies auxquelles elles ont rapport. M. *Hecquet* ne parle que d'après ſes Obſervations & celles des plus ſçavans Médecins, & c'eſt un fait avoué que perſonne n'a jamais traité plus heureuſement que lui la Petite Vérole, les Fièvres malignes & les autres Maladies de venin.

La même année 1724. il enrichit en-

(*a*) Voyez les Mémoires de Trevoux An. 1724. mois de Décembre.

core le Public de son Commentaire Latin (*a*) sur les *Aphorismes d'Hippocrate*. En 1727. M. *De Vaux* sçavant Chirurgien, dont j'ai déja parlé, les fit imprimer en françois sous ce Titre : (*b*) LES APHORISMES *d'Hippocrate expliqués conformément au sens de l'Auteur, à la Pratique Médecinale, & à la méchanique du corps humain*; Traduction Françoise, sur la Version Latine d'un Auteur anonime imprimée à Paris en l'année 1723. (*c*) M. *Hecquet* voyant la nouvelle Médecine s'éloigner de plus en plus de l'ancienne, qu'il avoit toujours regardée comme plus conforme aux loix de la Nature, crut devoir faire un effort pour y ramener ceux qui se destinent à la pratique de cet Art. C'est ce qui lui fit traduire les *Aphorismes d'Hippocrate*. On trouve d'abord à la tête de chaque Article le Texte Grec, ensuite la Traduction suivie de l'explication. l'Auteur y fait voir par-tout, que la Doctrine du Père de la Médecine, s'accorde parfaitement avec les loix connues de l'Economie animale. C'est par-là qu'il rend à cette science son ancien lustre & son ancienne vérité. Toutes les découvertes dont la Physique, l'Anatomie, la Chymie & la Mécanique se sont enrichies dans ces der-

(*a*) HIPPOCRATIS *Aphorismi ad mentem ipsius, Artis usum & Corporis Mechanismi rationem expositi*. Paris *Guill. Cavelier*, in-12.

(*b*) Paris, *Laurent d'Houri*. 2. Vol. in-12.

(*c*) Le Frontispice de l'Ouvrage Latin marque 1724.

niers Siécles, concourent avec les principes d'*Hippocrate* à former d'habiles & d'heureux Praticiens.

La même année M. *Andri* fut élu Doyen de la Faculté. J'ai parlé de ses démêlés Littéraires avec M. *Hecquet*. Les choses avoient été poussées assez vivement de part & d'autre, & le Public les regardoit comme ennemis Mais ces deux grands Médecins, qui ne se proposoient dans leurs Ecrits d'autre but que de contribuer à perfectioner la pratique de la Médecine, pouvoient-ils réellement être ennemis, pour avoir embrassé des opinions différentes? A peine M. *Andri* fut-il élu Doyen, que M. *Hecquet* lui fit demander par un (*a*) ami commun, son heure pour aller se réjouir avec lui de la justice, que la Faculté venoit de rendre au mérite d'un Homme, qu'elle sembloit avoir oublié trop long-tems. M. *Andri*, touché de ces avances voulut prévenir M. *Hecquet*, & lui rendit en effet la première Visite. Depuis ce tems ils n'ont point cessé de se donner réciproquement toutes sortes de témoignages de l'amitié la plus sincère. Je sais que M. *Hecquet* comptoit avoir un ami véritable dans M. *Andri*, qu'il estimoit infiniment; & je suis (*b*) témoin que ce dernier se prète avec le zèle le plus vif à tout ce qui peut faire

(*a*) M. *Vergne*.

(*b*) Il m'a fait l'honneur d'examiner cette Vie autrement que comme Censeur Royal; & je dois à ses avis d'avoir mis dans quelques Faits une exactitude, qui n'est point dans les Mémoires qu'on m'a fournis.

honneur à la mémoire de son ancien Antagoniste.

L'année suivante 1725. M. *Hecquet* crut devoir répondre aux objections, que l'on avoit opposées à ses *Observations sur la Saignée du pied*, &c. C'est ce qu'il exécuta par une (*a*) LETTRE *en forme de Dissertation pour servir de réponse aux difficultés sur le Livre de la Saignée du pied*, &c.

Le 31. de Mai de cette année, jour de la Fête de Dieu, fut l'époque de la fameuse Histoire de la Dame *La Fosse*. Cet événement, qui fit alors tant de bruit, exerça la plume de M. *Hecquet*. Il fit imprimer deux (*b*) LETTRES *d'un Médecin de Paris à un Médecin de Province sur un Miracle arrivé sur une Femme du Fauxbourg St Antoine*. M. *Jâques Saurin*, fameux Ministre de Hollande, ayant attaqué dans son *Etat du Christianisme en France* le Mandement, que feu M. *le Cardinal de Noailles* fit publier au sujet de la guérison de la Dame *la Fossè*, M. *Hecquet* lui répondit par deux autres *Lettres* qui portent le même titre, mais qu'il n'a point fait imprimer. (*c*)

En 1726. il fit part au Public de ses (*d*) REFLEXIONS *sur l'usage de l'Opium, des Calmans & des Narcotiques pour la*

(*a*) Paris. *Guill. Cavelier*. in-12 de plus de cent pages.

(*b*) Elles sont *in* 4°.

(*c*) Voyez à ce sujet L'Eloge *Historique* de M. *Hecquet* dans le XXVIII. Tome de la *Bibliothèque Françoise*. Part. I. p. 87. & 88.

(*d*) *In*-12. Paris. *Guill. Cavelier.*

guérison des Maladies, en forme de Lettre. C'est sur-tout dans ce Livre, quoiqu'il soit d'une assez petite étendue, qu'on trouve un Médecin consommé dans la Théorie & dans la Pratique de son Art. M. *Pitcarn*, célèbre Médecin Ecossois, avoit proposé dans ses *Elémens de Médecine* ce Problème aux recherches de tous ses Confrères : (*a*) DANS *quelque Maladie que ce soit trouver un Remède qui lui soit proportionné. Ou bien :* DANS *toute Maladie trouver le Remède indiqué par les signes d'indication, & l'administrer après l'avoir trouvé.* L'intention de M. *Pitcarn* n'étoit pas que l'on trouvât le Remède convenable à chaque Maladie, mais une sorte de Remède universel, un Remède, qui fût capable de les guérir toutes ; qui, redressant le Sang dans sa circulation, & le contenant ou ses sucs dans leurs bornes, (*b*) prévînt ou calmât en même tems ses *rarescences* ou gonflemens, & ralentît son mouvement, sans être suivi presque d'aucun simptôme. C'est ce que M. *Hecquet* croit trouver dans l'*Opium* & les autres *Narcotiques* sagement emploïés. Il paroît par un passage de *Sydenham*, qu'il met à la tête de son Livre, que ce grand Médecin Anglois n'étoit pas éloigné de penser aussi favorable-

(*a*) DATO *quovis morbo Remedium ipsi proportionatum invenire. Sive,* IN *omni morbo ex indicante indicatum invenire, inventumque adhibere.*

(*b*) *Desideratum Medicamentum quod statim tollat Sanguinis rarescentiam, & motum imminuat nullo ferè symptomate subsequente.* Elem. Medicinæ. Lib. II. Art. 35.

ment de ces Remédes, bien différent en cela de Mrs *Hoffman* & *Stalh*, Médecins Allemands, qui s'étoient déclaré contre l'*Opium*, & dont M. *Hecquet* combat les Décisions avec beaucoup de force.

A peu près dans le même tems il fit imprimer un petit Ecrit ayant pour Titre : (*a*) REPONSE *à la Question si les Médecins peuvent & doivent prendre part aux affaires de* l'Eglise.

Ce fut vers la fin de cette année 1726. que devenu très-infirme & ne pouvant presque plus se servir de ses Jambes, dont il ne tarda pas à perdre totalement l'usage, aussi-bien que celui de son Bras droit, il prit la résolution de quitter le monde, pour ne plus travailler dans la retraite qu'à l'ouvrage de son salut, en même tems qu'il consacreroit sa plume à l'utilité publique. A peine fut-on informé de son dessein, que plusieurs Communautés & quelques-uns de ses amis s'offrirent avec empressement à le prendre dans leurs Maisons. Les *Religieuses Carmelites* du Faubourg St Jâques furent celles qui le sollicitèrent avec le plus de vivacité de prendre chez elles un logement. Depuis trente-deux ans qu'il s'étoit chargé du soin de voir leurs Malades, sa sagesse, son expérience, sa piété, la bonté de son cœur, avoient mérité tout leur attachement ; & presque depuis ce même tems elles le regardoient encore plus comme un ami tendre & sincère, que comme un habile Médecin.

(*a*) C'est une Feuille *in* 4°.

Mais

Mais il craignoit que ses infirmités ne lui permissent pas de leur continuer ses services ; & ce ne fut qu'après avoir balancé long-tems, qu'il crut devoir se rendre à ce qu'elles souhaitoient de lui. Pénétré de reconnoissance pour une affection, fondée elle-même sur l'estime & la reconnoissance, il accepta dans la première Cour extérieure de leur Maison un petit appartement, qu'il fit accommoder selon son goût, c'est-à-dire, avec la plus grande simplicité. Comme l'esprit de pénitence êtoit, aussi-bien que l'affoiblissement de sa santé, le motif de sa retraite, il s'imposa la loi de vivre, du moins en partie, comme la Communauté. C'est pour cela qu'en arrivant chez ces Religieuses, il convint avec elles d'une somme, qu'il leur donna, pour qu'elles se chargeassent du soin de le nourrir. Il avoit, depuis plus de vingt-cinq ans, pris l'habitude de faire toujours maigre, & de ne manger principalement que des Herbes & des Légumes. Régime qu'il avoit toujours coloré du prétexte de sa santé. Depuis aussi long-tems il s'êtoit interdit le vin, & malgré l'âge & les infirmités, il continua toujours à s'en priver. Il se permettoit seulement dans des cas absolument nécessaires quelques goutes de vin d'Alicant.

Sa vie fut aussi laborieuse dans sa retraite qu'elle l'avoit toujours été. L'exercice de sa Profession êtoit dans son esprit au rang de ses premiers devoirs. Aussi ne l'abandonna-t-il pas, quoiqu'il eût déclaré qu'il n'iroit plus en Ville & qu'il eût pris congé de tous ceux qu'il avoit soignés jusqu'alors. Les *Carmelites* ne voulurent absolument point avoir d'autre Médecin, tant qu'il vécut. Sur le compte, qu'il se faisoit rendre, de l'état des Malades, il envoioit ses avis par écrit ; & quand il jugeoit sa présence absolument nécessaire, il se faisoit porter dans l'intérieur de la Maison. C'est ainsi qu'il en usoit aussi pour entendre la Messe les Dimanches & les Fêtes. Hors ces sorties, dont il ne pouvoit se dispenser, & deux ou trois occasions particulières, qui l'obligèrent d'aller dans son Voisinage, il ne quittoit point son appartement. Mais sa porte ne cessa jamais d'être ouverte à tous ceux qui le voulurent consulter, & sur-tout aux Pauvres, pour lesquels il avoit toujours marqué tant de prédilection. A quelque heure qu'ils vinssent, quelque occupé qu'il pût être, ils étoient sûrs d'être bien reçus. Il leur accordoit tout le tems qu'ils pouvoient souhaiter ; il leur parloit avec une bonté, qui les consoloit ; il accompagnoit les conseils, qu'il leur donnoit pour la guérison de leurs maux corporels, d'exhortations à remplir leurs devoirs de Chretiens. Sa Charité ne se bornoit pas là. Quand il les sçavoit dans l'impuissance d'achetter les remèdes, qu'il leur prescrivoit, ou de suivre un régime, qui lui paroissoit nécessaire, il leur en fournissoit généreusement les moyens. C'est ce qu'il avoit fait en tout tems. Consulté de toutes les parties du Royaume, & même des (*a*) Pays étrangers, il répondoit avec la plus grande exactitude au nombre immense de Lettres, qu'il recevoit tous les ans. Beaucoup de ses Confrères & même de célèbres Praticiens avoient souvent recours à ses lumières. Dans toutes les affaires de la *Faculté*, ses avis furent toujours recherchés; & le grand nombre d'amis, qu'il s'étoit fait, lui rendoient de fréquentes visites. Mais, comme jamais personne n'avoit mieux entendu que lui l'économie du tems, il sçavoit encore en trouver considérablement pour l'étude & pour ses exercices de piété.

Dès sa plus tendre jeunesse, il avoit eu beaucoup de goût pour l'Ecriture sainte. Son Frère le *Doyen d'Abbeville*, en avoit fait un Plan de distribution, par lequel on la pouvoit lire en entier pendant le cours de l'année. M. *Hecquet* avoit toujours suivi ce Plan. Mais depuis sa retraite il doubla sa lecture. Aussi les Livres saints lui devinrent-ils si familiers, qu'il les sçavoit presque tous par cœur; & c'est de-là qu'on les lui voit si souvent citer dans ses Ouvrages. Amateur de la Prière, il joignoit à ce que son cœur lui fournissoit, la recitation de tout l'Office de l'Eglise, qu'il a dit pendant toute sa vie avec la même exactitude qu'un Ecclésiastique. Il ne pas-

(*a*) En 17.. il fut consulté par les Médecins de la Cour de Turin sur une Maladie de feu *Madame Royale* Sa Consultation fut suivie & cette Princesse guérit.

ſoit auſſi jamais aucun jour ſans chercher dans les Livres de Morale les plus eſtimés, de quoi nourrir ſa piété. Tous ces différens devoirs remplis, il donnoit le reſte de ſon tems à ſes travaux Littéraires.

Les premiers fruits, que ſa retraite produiſit, furent ſes (a) REMARQUES *ſur l'abus des* Purgatifs *& des* Amers *au commencement & à la fin des Maladies ; & ſur l'utilité de la* Saignée *dans les Maladies des Yeux & dans celles des Vieillards, des Femmes & des Enfans, en forme de* Lettres: *Avec deux* Lettres Latines, *l'une ſur la génération des* Inſectes, *& l'autre ſur le* Muſcle Uterin *découvert par* M. RUYSCH. Dans les *Remarques ſur les Purgatifs*, &c. le principal deſſein de M. *Hecquet* eſt de fixer le tems, où l'on peut les placer le plus à propos pour le bien du Malade. C'eſt une matière, qu'il ſembloit avoir épuiſée dans un autre (b) Ouvrage. De nouvelles Obſervations confirment ce qu'il en avoit déja dit. Il ne condamne point ici les *Amers* ; mais comme on ne les emploie la pluſpart qu'à titre de *Préparatifs*, il y demande du choix ; & fait voir qu'ils ont beſoin eux-mêmes d'être précédés par d'autres *Préparatifs*, qui ne peuvent être que les *Remédes aqueux*, qui ſont les plus propres à laver, à pénétrer, à délayer, à purifier le ſang & par conſéquent à diſpoſer à la *Purgation*. Dans la *Lettre* ſur l'*utilité de la Saignée*,

(a) Paris *Guill. Cavelier*, in-12.

(b) *De Purganda Medicina*, &c.

&c. il veut qu'on saigne abondamment, ou du moins plus que l'on n'a coutume de saigner, les Personnes & dans les Maladies, dont il parle. C'est encore une suite du grand Ouvrage, que je viens de citer, & dont l'Auteur applique ici les Principes & les Conséquences à des cas particuliers, en établissant de plus en plus sa méthode sur ses expériences & sur celles des plus sçavans Praticiens. La première *Lettre Latine* est une *Dissertation* adressée à M. *Valisneri*, Professeur en Médecine à Padoue, dans laquelle on trouve des idées neuves sur la *génération des Vers*, & qui peuvent avoir leur utilité. La seconde est sur le *Muscle Uterin*, & montre combien cette découverte de M. Ruysch contribue à perfectionner la pratique des Accouchemens.

Le 8. de Mai 1732. on (*a*) soutint dans les Ecoles une Thèse composée par M. *Hecquet*, dont le but est de prouver que (*b*) *les Remédes Chimiques ne guérissent point les Maladies, que les Opérations de Chirurgie ne peuvent guérir*. On y trouve en peu de mots tout ce que l'Auteur a répandu dans ses divers Ouvrages, contre les fausses promesses des *Chimistes*.

La même année vit paroître un Ouvrage, dont la singularité tint quelque tems le Public en suspens sur son Auteur. Il a pour titre: (*c*) Le Brigandage *de*

(*a*) Elle fut soutenue par M. Barschnechs.

(*b*) *An quos Morbos non sanat Chirurgia Ferrum, sanat Chymicus Ignis.*

(*c*) Petit *in*-12. Utrecht, Corneille-Guillaume Le Febvre.

*la Médecine dans la manière de traiter les Petites Véroles & les plus grandes Maladies par l'*Emétique, *la* Saignée du pied, *&* le Kermès mineral : *avec un Traité de la* meilleure manière de guérir *les Petites Véroles par des Remèdes & des Observations tirées de l'Usage.* La nécessité d'abreger m'empêche de m'étendre sur cet important Ouvrage autant que je l'aurois souhaité. Je me contenterai de dire que l'Auteur dans la première Partie peint avec force les ravages dont il croit que l'on peut à bon droit accuser l'abus de la *Saignée du pied*, de l'*Emétique* & du *Kermès mineral.* Le fonds des principes sur lesquels il s'appuie, l'immensité de lecture qu'il fait paroître, la connoissance profonde de l'Economie animale, l'exactitude des Raisonnemens Phisiques, l'Ecriture sainte fréquemment citée, le stile vif, rapide, énergique & rempli d'expressions singulières & de tours ingénieux, tout fit reconnoître la plume de M. *Hecquet.* Quelques Partisans de la nouvelle Pratique, contre laquelle il s'étoit toujours si hautement déclaré, se crurent désignés dans l'Ouvrage. Sur leurs plaintes les Exemplaires furent saisis. Mais l'affaire ayant été soumise à l'examen de M. *le Premier Médecin*, il trouva qu'on prenoit à tort l'épouvante, & sur son témoignage la saisie fut levée, & le Livre eut beaucoup de cours. M *Hecquet* cependant ne l'avouoit pas; mais on s'appercevoit qu'il en parloit avec une affection de Père. Le 13. de Septembre 1732. il écrivoit à M. *Hallais*, Médecin de la Rochelle. „ Le *Brigandage* „ fait ici assez de bruit : Je crois devoir „ vous avertir qu'on me l'attribue, à „ cause du *Kermès*, que j'ai tant décrié. „ Je crois qu'il vous divertira, comme „ moi ; outre qu'il m'a paru contenir de „ fort bonnes choses ". Il écrivoit encore au même le 4. d'Août 1736. „ On „ ose donner un nom (& c'est le „ mien) à l'Auteur du *Brigandage de* „ *la Médecine* ". La seconde partie de ce Livre, où le *Traité de la meilleure manière de guérir la Petite Vérole*, est en forme de Lettre, & commence par des réflexions extrêmement utiles par rapport à *la manière d'écrire en Médecine sur les Maladies*. On trouve ensuite le *Traité* même annoncé de cette manière : Paradoxe. La *Petite Vérole rarement incurable*. La *petite Vérole rarement guérissable*. L'une & l'autre Proposition est demontrée vraie, la première à l'égard de l'ancienne Pratique, & la seconde à l'égard de la nouvelle. Ce Traité malgré son peu d'étendue, (*a*) est d'autant plus important, que M. *Hecquet* y rend un compte exact de l'excellente méthode, à laquelle il avoit toujours dû le succès de ses Cures dans les différentes Petites Véroles, & qu'il n'enseigne rien qui ne soit fondé sur l'expérience de toute sa Vie, & confirmé par l'autorité d'une foule de grands & célèbres Praticiens. Ce Livre fut suivi de deux autres Volumes que

(*a*) Il n'a que 73. pages.

l'Auteur crut devoir à sa propre justification. J'en raporterai simplement les Titres. *Le Brigandage de la Médecine*, &c. SECONDE PARTIE *où après avoir prouvé ce* Brigandage *par les effets, l'on donne le plan de Mémoires Académiques, pour ramener la Médecine à ses règles, & la contenir dans ses loix.* On trouve à la fin une LETTRE APOLOGETIQUE *touchant le Brigandage de la Médecine*, dans laquelle l'intention, la forme, le tour & la vivacité de cet Ouvrage sont ingénieusement justifiés, aussi-bien que les fréquentes applications de l'Ecriture sainte. Le dernier Volume est : LE BRIGANDAGE *de la Médecine réformé, ou la* Saignée du pied, *le* Tartre émétique *& le* Kermès mineral *disciplinés. Troisiéme partie.* (*a*) Mais ces trois Brochures ne forment que la première partie de tout le Plan du *Brigandage de la Médecine.* Il en a paru deux autres après la mort de l'Auteur en 1738. sous ce titre : LE BRIGANDAGE *de la Chirurgie, ou la Médecine opprimée par le Brigandage de la Chirurgie. Ouvrage posthume de* M. PHILIPPE HECQUET, &c. *Première partie.* LE BRIGANDAGE *de la Pharmacie*, &c. *Seconde partie.* Elles sont l'une & l'autre contre les Chirurgiens. A la tête de la premièrre se trouve un petit Ecrit que l'Auteur avoit déja fait imprimer de son vivant en 1736. C'est la *Lettre d'un Médecin de*

(*a*) L'un & l'autre sont marqués à Utrecht, chez *C. G. Le Febvre*; mais ils furent imprimés à Roüen chez *Jorre*. On les trouve à Paris chez la V. Alix.

la

la Faculté de Paris sur ce que c'est que le Brigandage de la Médecine. Elle répond en particulier à la LXII. *Lettre* des *Observations sur les Ecrits Modernes* dans laquelle on avoit affecté de mettre la Chirurgie au-dessus de la Médecine. M. *Hecquet* y donne aussi le plan détaillé de son *Brigandage de la Chirurgie & de la Pharmacie.* Il ne parle de cette dernière qu'à l'occasion des usurpations des Chirurgiens, qui s'emparent, selon lui, du patrimoine des Apoticaires, en se mêlant, de composer toutes sortes de Remèdes. Il avoit appellé la quatriéme partie du *Brigandage* : LE TOMBEAU *de la Médecine.* La cinquiéme devoit être : L'ANASTASIE *de la Médecine* ou *la Médecine renaissante, non de ses cendres, mais de ses humiliations.* Ces deux dernières parties n'ont été qu'ébauchées. C'est la raison pour laquelle on ne les a pas données au Public.

L'année 1733. vit aussi paroître (*a*) LA MÉDECINE THÉOLOGIQUE, *ou* MÉDECINE CRÉÉE, *telle qu'elle se fait voir ici, sortie des mains de Dieu, Créateur de la Nature, & régie par ses Loix.* OUVRAGE, *où s'explique l'Hygieine par les Principes du Méchanisme; puis par de semblables notions tirées des Sciences les plus propres à perfectionner la Médecine, l'on y développe les idées des vraies causes, des Maladies, de l'Ordre auquel elles appartiennent & de leurs vrais Remèdes.* ON *y a joint à la fin les* Thèses de Médeci-

(*a*) 2. Volumes *in*-12. Paris *Guill. Cavelier.*

ne *de l'Auteur de ce Traité*. Le premier Tome eſt précédé d'une *Préface*, dans laquelle M. *Hecquet* rend raiſon du Titre extraordinaire qu'il donne à ſon Livre. Quoique d'habiles gens ſe ſoient appliqués à relever éloquemment l'excellence de la Médecine, il s'eſt trouvé dans tous les tems des Eſprits prévenus, qui l'ont injuſtement rabaiſſée. C'eſt pour détromper ceux que leurs Déclamations pourroient ſéduire, qu'on rapproche ici la *Médecine* de la *Théologie*. Elle a, comme toute la Nature, pour premier Principe l'inſtitution du Créateur. „ Le corps „ humain étant l'objet unique de la Mé- „ decine & de l'étude des Médecins, „ eſt-il une Science Phiſique qui mérite „ à plus juſte titre le nom de Théologi- „ que; ſi l'on conſidere ſur-tout que les „ Etres créés demeurent à perpétuité en „ vertu de leur inſtitution, ſans que pour „ les conſerver l'on puiſſe y rien ajouter, „ ni rien ôter. " C'eſt des mains de Dieu même que l'ancienne Médecine tenoit tous ſes Remèdes. „ Dieu, en créant „ l'Homme, lui apprit les ſecours par „ leſquels il devoit ſe conſerver, en (*a*) „ lui enſeignant l'uſage des fruits & des „ légumes pour ſa nourriture. " Les Livres Saints ne nous apprenent-ils pas auſſi que (*b*) „ le Tout-puiſſant ayant „ créé les ſecours de la Médecine, il eſt

(*a*) *Ecce dedi vobis omnem herbam .. & univerſa ligna. . ut ſint vobis in eſcam* Eccleſiaſtic. Cap. III.

(*b*) *Altiſſimus creavit de terra Medicamenta, & vir prudens non abhorrebit illa.* Ibid. Cap. XXXVIII.

„ insensé de les mépriser ou de les dé-
„ crier. “ Si d'ailleurs il est vrai, „ de l'aveu des premiers Maîtres en Méde-
„ cine, que (*a*) le meilleur Remède est
„ une nourriture bien entendue ; “ que (*b*) la plus ancienne Médecine n'employoit que des herbes pour la guérison des Maladies ; comment trouveroit-on étrange que cette Science portât le nom de *Théologique* ? Qu'on l'envisage par son côté Moral, qu'est-elle sinon une étude de la mort ? Qu'est-elle de plus ? „ La
„ contemplation des merveilles du Créa-
„ teur dans l'ordonnance des parties du
„ corps humain. “ Quoi de plus „ pro-
„ pre à élever la foi d'un Médecin, à
„ l'exercer & à l'exciter ? Quoi de plus
„ capable de la nourrir par la piété, que
„ cette considération continuelle de la
„ mort, & la présence non interrompue
„ de la dernière fin de l'Homme ?... Un
„ Médecin donc, fidèle à l'étude & à
„ l'exercice de sa Profession, devient par
„ état Homme de probité, parce qu'il se
„ déprend autant de l'amour de la vie,
„ qu'il connoît d'avantage la vanité & la
„ brièveté des jours de l'homme, & qu'il
„ ne peut se le dissimuler, tant il voit
„ court & borné l'espace de la plus lon-
„ gue vie. “ Si donc la Médecine est une science, qui rappelle sans cesse à la Religion, qui par tous les pas qu'elle fait, peut conduire à la vertu, qui fournit à

(*a*) *Optimum Medicamentum est cibus opportunè datus.* Cels.

(*b*) *Medicina antiquior quæ herbis curare consuevit & succis.* Idem.

tous momens des réflexions capables d'inspirer la régularité des mœurs ; qui pourra s'empêcher de convenir qu'elle tient à la Théologie par bien des endroits ? Telles sont en peu de mots les raisons, que l'Auteur emploie à la justification de son Titre ; & qui lui font conclure qu'il „ n'est pas moins sûr qu'il „ se trouve dans la Médecine autant de „ préjugés & de preuves, qui assurent „ sa religion, qu'il y en a qui prouvent „ sa dignité, sa science & ses lumières. " C'est ce qu'il se propose de démontrer en quelque sorte dans tout son Livre ; & c'est ce qu'il établit en abregé dans le cours de sa Préface, qui n'est à le bien prendre que l'Extrait du Livre même. L'Ouvrage a trois Parties. Dans la première M. *Hecquet* s'atache à montrer que *la Médecine créée, telle qu'elle se fait voir ici, sortie des mains de Dieu, Créateur de la Nature, & régie par ses Loix ;* est d'autant moins *capable d'affoiblir la Religion dans les Médecins, que par-tout le corps humain elle leur montre la Divinité toujours présente & par-tout adorable.* Dans la seconde, *En suivant l'action de Dieu Créateur dans toutes les fonctions du corps humain*, il *montre les raisons qui élèvent continuellement l'esprit des Médecins vers la Foi, & qui font de la Médecine une étude de Religion.* Enfin dans la troisiéme il *conclut cet Ouvrage, en examinant, suivant les principes, qui ont été établis dans les deux premières parties, qu'elles sont les sciences nécessaires pour per-*

fectionner la Médecine. Voila sans doute un des plus beaux plans, qu'on ait jamais imaginés. Son exécution ne fait pas moins l'éloge de la profonde science de l'Auteur, que de sa piété solide. On trouve à la fin des COROLLAIRES *où* M. Hecquet *communique quelques pensées sur les vraïes causes des Maladies*, *& sur la nature des vrais Remèdes*. Ils sont suivis d'un *Traité* dont le titre est : LES MALADIES *dans leur ordre naturel*, *pour les prendre dans leurs vrais caractères*, *& ne les traiter que par leurs Remèdes nécessaires.* A la fin du second Tome, on a rassemblé les neuf Thèses, dont j'ai rendu compte.

Le fameux évènement des *Convulsions*, trop récent encore & trop connu pour qu'il soit besoin d'en rappeller ici les principales circonstances, duroit depuis près de deux ans, quand au commencement de la même année 1733. M. *Hecquet*, à la sollicitation d'un grand nombre d'honnêtes gens, résolut d'écrire sur ce sujet. Attentif à tout ce qui sembloit dépendre de sa Profession, il avoit eu soin de se faire instruire par des amis fidèles, & par des Médecins éclairés, de tout ce qui se passoit. La circonstance du tems & la disposition des esprits lui firent craindre ce que le célebre M. *Chirac* avoit prédit, c'est-à-dire, que les *Convulsions* ne devinssent l'occasion d'un dangereux Fanatisme. Des gens qu'on ne pouvoit pas soupçonner de manquer de lumières, prétendoient y voir quelque chose de Divin. M. *Hecquet* voulut les désabuser

& prévenir le Public contre les facheuſes ſuites, que ce préjugé devoit avoir. Il entreprit donc de montrer que les *Convulſions*, dont on admiroit le merveilleux apparent, n'étoient que des accidens purement naturels. Ceux qui penſoient autrement en furent allarmés. On a ſu de lui-même qu'un de ſes anciens amis, grand partiſan de l'*Oeuvre*, l'alla voir pour tâcher de découvrir s'il travailloit ſur cette matière. Il ne s'ouvrit point, & l'ami peu ſatisfait de ſa viſite, ne put s'empêcher de parler de ce qui l'avoit fait venir. En ſe levant pour s'en aller, il dit à notre Médecin : *On dit, Monſieur, que vous étudiez les Convulſions.* Juſtement piqué de cette façon de parler, M. *Hecquet* lui répondit vivement : *Etudier, Monſieur ? Eh ! que penſeriez-vous de moi, ſi depuis cinquante ans que je pratique la Médecine, j'en étois encore à connoître des Maladies auſſi communes que les Convulſions ? Non, Monſieur, je ne les étudie point : mais je les ai étudiées il y a longtems ; & pour vous, je vous conſeille d'aller les étudier.* Cet ami ſe retira très-mécontent, & depuis ce tems il ne revit plus M. *Hecquet.* L'Ouvrage de celui-ci fut achevé bien tôt après cette converſation, c'eſt-à-dire, vers le mois de Mai ; mais la difficulté de le faire imprimer fut cauſe que le Public ne l'eut qu'au commencement de Novembre. Il a pour titre : (*a*) LE NATURA-

(*a*) Petit *in*-12. Le Frontiſpice porte à Soleure chez *Andreas Gymnicus*. Mais ce fut à Rouen qu'il fut imprimé.

EISME *des Convulsions, dans les maladies de l'Epidémie Convulsionnaire. Première Partie.* Elle est suivie d'une (*a*) RE'PONSE *à la Lettre d'un Confesseur, touchant le devoir des Médecins & des Chirurgiens, au sujet des Miracles & des Convulsions.*

La lecture du *Naturalisme* convainquit les personnes judicieuses que l'Auteur avoit étudié cette matière. Mais quelques-uns de ses anciens amis, trop prévenus en faveur de la Cause, qu'il attaquoit, en furent consternés. Quelques-autres en furent irrités au point de souffrir qu'on le maltraitât d'une manière peu convenable dans quelques Ecrits, qu'on ne veut pas nommer par ménagement. C'est ce qui produisit une foule d'Ouvrages, tant imprimés que manuscrits, qu'il crut devoir à l'honneur de la Religion, qui lui paroissoit blessée dans cette *Oeuvre*, soit qu'on la regardât comme opérée par la main de Dieu, soit qu'on y voulût faire admettre un mélange d'opérations tant divines que diaboliques ou naturelles. Il devoit d'ailleurs justifier la droiture de ses intentions, & ne rien négliger pour ramener au Tribunal de la Médecine, ce qu'il croyoit être véritablement de son ressort. Je me contenterai, pour la raison que j'ai dite plus haut, de mettre ici la liste de ces différens Ecrits, sans entrer dans aucun détail.

(*b*) LE NATURALISME *des Convulsions démontré par la Phisique, par l'Histoire*

(*a*) La date est du 15. de Mai 1733.

(*b*) *In*-12. Ibidem, 1733.

naturelle, & par les événemens de cette Oeuvre ; démontrant l'impossibilité du Divin, qu'on lui attribue dans une Lettre sur les secours meurtriers. Seconde Partie.

(*a*) LE ME'LANGE *dans les Convulsions confondu par le Naturalisme. Troisième Partie.* On trouve à la suite : 1°. LA CAUSE *des Convulsions finie.* 2°. POST-SCRIPTUM. *L'Oeuvre des Convulsions tombée.* Ce *Postcriptum* répond à certain Ecrit intitulé : *Pensées sur les Prodiges de nos jours.*

(*b*) LA SUCEUSE *Convulsionnaire, ou la Psylle miraculeuse.*

(*c*) LETTRE *sur la Convulsionnaire en extase, ou la Vaporeuse en rêve.*

(*d*) RE'PONSE *à la Lettre d'un Docteur en Médecine de la Faculté de* *** C'est une défense de l'Ecrit de la *Suceuse*, attaqué par le prétendu Docteur.

(*e*) LE NATURALISME *des quatre Requêtes.* C'est un examen des Requêtes, que quelques Filles Convulsionnaires, detenues en prison, présentèrent pour obtenir ou la permission de faire preuve de leur innocence, ou la main-levée de leurs personnes.

(*f*) RE'PONSE *des Médecins au Défi, que leur font les Convulsionnaires.* Dans une *Défense ou Justification des Requêtes*, dont je viens de parler, on avoit défié les Médecins, c'est-à-dire, M. *Hecquet*,

(*a*) Ibidem 1733. *in*-12.
(*b*) Feuille *in*-12. sans lieu d'impression.
(*c*) 2. Feuilles *in*-12.
(*d*) 2. Feuilles & demi *in*-12.
(*e*) Brochure *in*-12.
(*f*) Feuille *in*-12.

de prouver que quelques Faits, que l'on citoit, n'étoient pas ſurnaturels.

Outre ces cinq Ecrits, qui parurent dans le cours de l'année 1736. Il en reſte encore de manuſcrits, dont la mort ſeule de l'Auteur empêcha l'impreſſion. En voici les titres.

Le Surnaturalisme *de l'Epidémie Convulſionnaire, prouvé par les extravagances du Convulſionat dans ſes Docteurs & dans ſes Filles, par le faux des quatre Requêtes & la fauſſeté des Requérantes.*

Le Naturalisme *juſtifié contre les clameurs des Convulſioniſtes; Ouvrage où l'on donne le Mécaniſme des Penſées & celui des Paſſions.*

Lettre *à un Théologien.* Cet Ecrit a le même but en partie que la *Réponſe à la Lettre à un Confeſſeur*, c'eſt-à-dire, de prouver que la matière des Convulſions eſt du reſſort de la Médecine, & qu'on a raiſon de n'en rien attribuer au Démon.

Moyen *court pour terminer la diſpute des Convulſions, ou le Naturaliſme conciliateur.* L'occaſion de cet Ouvrage fut la Conſultation, que trente Docteurs de Sorbone donnèrent en 1735. contre les Convulſions. L'Auteur y fait, par occaſion, une Apologie étendue des trois Parties du *Naturaliſme.*

Malgré ce que les *Convulſions* prirent de tems à M. *Hecquet* pendant les trois dernières années de ſa vie, il trouva celui d'achever d'autres Ouvrages. De ce nombre eſt ſa (*a*) *Médecine naturelle.* On

(*a*) Elle fut achevée au mois de Juin 1736.

l'imprimoit quand il mourut, & quelques mois après sa mort, elle parut avec ce titre : (*a*) LA MÉDECINE NATURELLE *vue dans la* Pathologie vivante, *dans l'usage des* Calmans, & *des différentes Saignées des Veines & des Artères, rouges & blanches, spontanées ou artificielles ; & dans les substituées par les* Sang-sues, *les* Scarifications, *les* Ventouses. *Tome I.* LA MÉDECINE NATURELLE, *contenant les Tableaux des Maladies sur le plan de la Médecine naturelle calmante : avec un Essai de méthode pour les traiter. Tome II.* A la tête du premier Volume est un *Discours sur les vues & le dessein de ce petit Ouvrage,* qui sont » d'accoutumer les jeunes Mé- » decins à étudier l'Homme dans l'Hom- » me, & les Maladies dans la Santé. « Je ne puis entrer dans aucun détail, & je dirai seulement que ce Discours comprend en quelque sorte un plan des plus utiles études, que les jeunes Médecins puissent faire pour se disposer à pratiquer avec succès. Comme la Santé consiste dans la régularité de l'action des *Solides*, & de la direction des différens *Fluides*, c'est dans l'examen de ce qui se passe alors dans le corps humain à cet égard, que M. *Hecquet* veut que l'on cherche les causes des Maladies & la manière d'y remèdier. Le *Sang* n'est pas le seul *Fluide*, qui, dérangé dans sa circulation, occasione toutes les maladies. Il en est un autre auquel la Médecine n'a jamais fait trop d'attention, c'est le

(*a*) Paris, *Guillaume Cavelier.* 2. vol. *in*-12.

Suc nerveux, cette liqueur si subtile, qu'on l'a nommée *Esprits animaux.* C'est dans la considération de ce que le *Suc nerveux* opère, qu'il faut chercher les premières causes des Maladies. C'êtoit l'opinion du célèbre *Sydenham;* & l'on peut conclure du Livre d'*Hipocrate* DE (*a*) *Flatibus*, qu'il n'êtoit pas éloigné de le penser. Deux fameux Modernes sont en tout de l'avis de M. *Hecquet :* ce sont *Tralles* Médecin Allemand, & *Rosetti* Médecin Italien. Beaucoup d'autres célèbres Praticiens paroissent aussi s'en approcher comme *Morton*, *Hoffman*, *Stahl*, *Boerrhave*, *&c.* Mais ce n'est pas seulement aux *Esprits animaux*, dont on ne peut se former l'idée que comme d'une *Vapeur aériène*, qu'il faut s'arrêter ; il faut encore faire attention à l'*Air*, contenu dans toutes les autres Liqueurs du corps. Cet air n'est pas sans action, & peut-être est-il le principe de tout ce qui se passe en nous. C'est à dévélopper les conséquences, qui naissent de cette idée pour la parfaite connoissance de l'*Economie animale*, que l'Auteur emploïe presque tout son *Discours préliminaire*, & la première Partie de son Ouvrage. Celle-ci peut passer pour la Théorie de la *Médecine naturelle.* Vers la fin on y trouve le Livre d'*Hipocrate*, DE FLATIBUS traduit en François *par un savant Maitre dans l'Ecole de Paris.* C'est (*b*) M. *Vergne* Médecin demeurant à Poissi, que M. *Hecquet* désigne ainsi. Par

(*a*) *Des Vents qui se forment dans le corps.*

(*b*) Il est mort depuis quelques mois.

des *Notes*, que notre Auteur y joint, on voit la conformité des idées d'*Hipocrate*, avec celles de la *Médecine naturelle*. La seconde Partie ne renferme que des Leçons de Pratique fondées sur les Principes de la *Médecine naturelle calmante*. La nécessité de ne penser qu'à calmer dans quelque maladie que ce puisse être, est une suite de la *Pathologie vivante* expliquée dans la première Partie. C'est pour diriger les jeunes Médecins vers ce but, que M. *Hecquet* leur met d'abord devant les yeux les *Tableaux des Maladies*, ainsi qu'il l'annonce dans son Titre. Comme il n'avoit pas dessein de composer un vaste Ouvrage, il ne pouvoit les dépeindre toutes. Il se borne donc à la Fièvre, dont il parcourt toutes les espèces, tant des aigues que des chroniques. Vient ensuite un Essai *de Méthode de guérir dans la* Médecine naturelle calmante, *compris dans l'atention générale où un Médecin doit être en traitant les Maladies*. Il est suivi de Vues *générales sur les indications & les remèdes propres à la cause, l'état & la nature de chaque genre de maladie*. Après ce petit Traité s'ofrent des Essais *de pratique sur les diférentes Saignées*, faites aux Veines, ou bien aux Artères, ou *remplacées* par les *Scarifications*, les *Sangsues*, les *Ventouses*, les *Vésicatoires*. On trouve ensuite une *Liste* des Remedes calmans. 1°. Des *Simples pris dans les classes des Végétaux, des Minéraux, des Animaux*. 2°. *Des Composés apropriés aux vues de la Médecine Naturelle*. L'Auteur donne la manière de s'en servir. Ce second volume renferme encore des QUESTIONS *mises en Problèmes & hasardées pour avancer le progrès de la Pratique de la Médecine.* 1°. QUESTION mise en Problème, proposée *aux Médecins-Praticiens : Si la* SAIGNE'E DE L'ARTERE *seroit plus éficace sans être plus préjudiciable que* CELLE DE LA VEINE. Quoique M. *Hecquet* afecte de ne pas décider, il est aisé de voir quel est son sentiment par le soin avec lequel il établit les avantages, qui reviendroient de la *Saignée de l'Artère.* 2°. AUTRE *Problème : Si la* SAIGNE'E DE LA GORGE *est préférable à* CELLE DU BRAS. On sent qu'il s'agit ici de faire conclure pour l'afirmative. 3°. TROISIE'ME *Question portée au jugement des Praticiens sages & éclairés : Si les* VE'SICATOIRES *font ofice de* SAIGNE'ES BLANCHES. M. *Hecquet* laisse encore entrevoir ici quel est son avis. Ces Questions sont suivies d'un petit Ecrit sur la *Médecine Expectative*, & d'un *Postscriptum* dans lequel l'Auteur fait voir que *Tralles* & *Rosetti* s'acordent en tout avec lui.

Ses infirmités continuelles, ses travaux immenses, sa vie austère n'étoient que trop capables d'achever d'user un tempérament encore tout de feu malgré l'âge. Vers le commencement de l'année 1737. il s'apperçut que sa santé s'affoiblissoit, & fit sa principale ocupation de se préparer à la mort. Dans le courant de Mars, un soir, en achevant de réciter l'Office de l'Eglise, il eut un œil frapé d'éblouissement. Il se coucha pourtant sans en rien dire. Au milieu de la nuit, comme il y avoit de la lumière dans ſa chambre, il s'aperçut qu'il n'en voyoit pas. Ce qui lui fit réveiller le Garçon, qui le ſervoit, pour qu'il examinât ſon œil. Il n'y paroiſſoit rien à l'extérieur. Dès le matin il ſe fit ſaigner, & l'après-midi la Saignée fut réitérée. Comme il étoit ſans fièvre, & qu'il n'avoit pas perdu l'apétit, il conſerva ſon régime, en ſe permettant ſeulement du bouillon gras. Au bout de quelques jours il fut mieux, & l'obſcurciſſement de ſon œil conſidérablement diminué. Le 24. du même mois il fit ſon Teſtament, & quoique ſa ſanté parût rétablie, il prévit qu'il approchoit de ſa fin, & ne s'ocupa plus déſormais que des penſées de la mort. Le 10. d'Avril ſur les huit heures du ſoir il lui prit, en ſe mettant au lit, un friſſon, qui fut ſuivi de la fiévre, accompagnée d'une grande ſueur. Le lendemain matin il ſe fit ſaigner du bras. Quelques heures après il reçut en véritable Chretien le Viatique & l'Extrème-Onction. Il avoit fait appeller M. *de l'Epy* ſon Confrère & ſon ami, Praticien habile, qu'il regardoit comme ſon Elève. De leur avis commun la Saignée fut réitérée ſur les deux heures après-midi. Lui-même à l'inſpection de ſon ſang, il jugea qu'il n'iroit pas loin. En effet il mourut ſur les 6. heures & demie ſans aucune eſpèce d'agonie, & n'aïant perdu la connoiſſance qu'au moment qu'il s'endormit du ſommeil de la mort. Il conſerva même ſa tête ſi ſaine pendant la courte durée de sa maladie, que deux heures avant que d'expirer, il fut en état de satisfaire un autre de ses Confrères, dont la femme étoit dangereusement malade, & qui le vint consulter. Le lendemain il fut inhumé dans l'Eglise des Carmelites auprès de la porte.

Le sieur *Lacherie*, qui demeuroit auprès de lui depuis plus de 23. ans, avoit mérité toute sa confiance par des soins infinis & par l'afection la plus marquée. Ce bon Maitre d'un serviteur fidéle le fit Légataire universel du peu d'éfets mobiliers, qui lui restoient, & de ses Manuscrits; & le nomma pour Exécuteur de son Testament. Le sieur *Lacherie* prit donc soin de ses funérailles, qui furent honorées de la présence d'un grand nombre de ses Confrères, & d'une multitude de gens de mérite de diférentes conditions. Le Légataire, pour laisser un monument éternel de sa reconnoissance, fit mettre quelque tems après sur la sépulture de son cher Maitre cette *Epitaphe* composée par le célébre M. *Rollin*.

Hîc jacet
PHILIPPUS HECQUET *Doctor Regens*
In Facultate Medicinæ Parisiensi,
Natus apud Abbatis-Villam An. Chti.
(1661. Die XI. *Februarii.*
Piè ac diligenter à Parentibus educatus,
Totum se Medicæ Artis studio dedit.
Eam primùm,
Doctor in Facultate Remensi factus,
In Patria exercuit.
Mox accensus desiderio doctrinæ amplioris,
Parisios venit.

Ibi stadium Medicum cum insigni laude
(emensus,
Nobiliorem Doctoris gradum adeptus est.
Evocatus in Regii Portus solitudinem
Ut illustri Fœminæ opem medicam præberet,
Intùs, foris, ægrotantes
Per annos quatuor assiduâ & felici operâ
(curavit.
Exinde, Doctrina & pietate, non opibus,
(auctior,
Parisios rediit.
Quantùm pertinaci labore & longo Medicinæ
(usu profecerit
Testantur plena Medicæ eruditionis opera
(quæ elucubravit.
Decanus suæ Facultatis anno 1712. electus,
Re diu & maturè cum selectis Doctoribus
(perpensa,
Saluberrimum Medicinæ Codicem instituit.
An. 1727. ingressus in hanc Carmelitarum
(Domum,
Quam, ut Medicus, per annos 32. jam
(rexerat,
Reliquum vitæ tempus,
In oratione, jejunio, & continua mortis
(meditatione,
Vini, carnisque abstinens, transegit.
Pauperes ægrotos, à quibus nunquam non
(consulebatur,
Pluribus membris è diutino morbo captus,
At idem animo, & mente integer ac valens,
Pecunia & consilio usque adjuvit.
Tandem, pænè pauper ipse, cœlebs ob-
(dormivit in Domino,
An. ætatis suæ 76. Chti. 1737. Die A-
(prilis XI.

C'est-à-dire,

C'est-à-dire : ICI *repose* PHILIPPE HECQUET *Docteur Regent de la Faculté de Medecine de Paris. Il naquit à Abbeville le 11. de Février 1661. & fut élevé par ses Parens avec soin & dans la piété. La Médecine fut son étude. Il s'y livra tout entier, & l'exerça d'abord dans sa Patrie, après avoir pris le degré de Docteur dans la Faculté de Rheims. Dans la suite, enflamé du desir de se rendre plus habile dans son Art, il vint à Paris. Il y remplit son Cours de Médecine avec beaucoup de distinction, & fut revêtu d'un plus noble titre de Docteur. Apellé dans la solitude de Port-Roïal, pour prendre soin de la santé d'une illustre * Demoiselle, il y secourut pendant quatre ans, avec autant de succès que d'assiduité, les Malades du dedans & du dehors. Il revint ensuite aporter à Paris, non plus de richesses, mais plus de science & de piété. Ses Ouvrages, si remplis d'érudition médicinale, sont des témoignages de la grande habileté, qu'il avoit acquise par un travail opiniâtre & par une longue expérience. En 1712. il fut élu Doïen de sa Faculté. Ce fut alors qu'après un long & mur examen, il commença, conjointement avec un nombre de Docteurs qu'elle avoit choisis, à dresser un excellent Code de Pharmacie. L'an 1727. il se retira dans cette Maison des Carmelites, & passa le reste de sa vie dans la prière, dans la pratique du Jeûne, & dans la méditation continuelle de la mort, auxquelles il joignit l'abstinence du vin & de la viande. Privé par les suites d'une ancienne infirmité, de l'usage de plusieurs*

* Mademoiselle de Vertus.

de ſes membres, mais ſain d'eſprit & conſervant toute la vigueur des Facultés de ſon ame, il aida juſqu'à la fin de ſes conſeils & de ſes aumônes les Pauvres, qui venoient ſans ceſſe le conſulter dans leurs maladies. Enfin, après avoir véçu dans le célibat, & s'être rendu lui-même preſque pauvre, il s'endormit dans le Seigneur le 11. d'Avril, 1737. étant âgé de 76. ans (& deux mois.)

Avant de ſe retirer aux Carmelites, il avoit abandonné ſon patrimoine à ſa Famille pour une modique penſion viagère; & depuis ſa retraite il ne voulut plus rien recevoir de perſonne pour ſes Conſultations. C'étoit une ſuite du déſintéreſſement, qu'il avoit toujours fait voir dans l'exercice de ſon Art, & qu'il avoit ſouvent porté juſqu'à refuſer une partie de l'honoraire qu'on lui préſentoit, parce qu'il le trouvoit exorbitant. Il s'étoit même fait une regle de ne point recevoir de préſens; & de quelque manière qu'on s'y ſoit pris, on n'a jamais pu vaincre ſa délicateſſe à cet égard.

On ne peut pas dire qu'il ait jamais été riche, ni même dans un état d'aiſance. Il ne laiſſa pas cependant d'être toujours extrèmement généreux. Outre que pendant toute ſa vie il ſecourut les Pauvres de ſon argent autant que de ſes conſeils, il eut toujours ſa bourſe ouverte pour le ſervice de tous ceux qu'il connoiſſoit, & principalement de ſes Confrères. On a pluſieurs exemples de ſa généroſité, j'en raporterai quelques-uns. Un jour il ſe trouva dans une vente, & vit un Médecin, qui, prenant quelques Livres de sa Profession, en laissoit un plus grand nombre de bons qu'il avoit examinés. Il crut d'abord que ce Médecin les avoit déja. Mais s'en étant informé, celui-ci lui répondit qu'il les laissoit à regret. M. *Hecquet* en sentit sur le champ la raison. Il acheta tous ces Livres, & força le Médecin de les accepter. Un autre de ses Confrères n'avoit presque laissé pour tout bien, en mourant, qu'un assez bon Cabinet de Livres, dont sa Veuve se défaisoit petit-à-petit, à mesure qu'elle trouvoit l'ocasion de les vendre avantageusement. Elle alla le voir & lui rendre compte de sa situation. Comme il la plaignoit de ce qu'elle ne trouvoit pas tout d'un coup à conclure un marché, dont elle pût se faire un fonds, elle lui dit qu'un Médecin, qu'elle lui nomma, n'auroit pas mieux demandé que d'acheter ce qu'elle avoit des meilleurs Livres concernant la Profession, s'il avoit eu de l'argent. M. *Hecquet* s'êtant fait montrer le catalogue de ces Livres, il les lui paya sur le champ tout ce qu'ils pouvoient valoir, & lui dit de les envoyer à ce Médecin.

Il avoit soin d'aller visiter tous ses Confrères quand il les savoit malades, & comme il connoissoit à peu près l'état des afaires de la pluspart, il recommandoit toujours à ceux qu'il trouvoit auprès d'eux de ne rien épargner, & si l'argent manquoit, d'avoir recours à lui sans le témoigner aux Malades.

Il aimoit ſur-tout ceux qui s'appliquoient à leur Profeſſion, & qui la faiſoient avec honneur. On pouvoit avec juſtice l'apeler le Père des jeunes Médecins. Non content de diriger leurs études par ſes conſeils, il leur ofroit l'uſage de ſa Bibliothèque, & c'étoit avec joie qu'il leur prêtoit les Livres, dont ils avoient beſoin pour étudier. Les Médecins, établis dans les Provinces ou dans les Colonies, lui paroiſſoient mériter principalement ſon attention. Il ſavoit par expérience qu'ils ſont moins à portée de s'inſtruire que ceux qui ſont à Paris. Il ne ſe contentoit pas de leur indiquer dans ſes Lettres les meilleurs Livres, & de leur marquer l'utilité, qu'ils en pouvoient retirer; il s'établiſſoit leur correſpondant, il avoit ſoin de leur acheter ces Livres, & de les leur envoyer Il en avançoit même aſſez ſouvent le prix, & ne vouloit pas qu'ils ſe gênaſſent pour le lui rendre. C'eſt ainſi qu'il en agiſſoit à l'égard de MM. *le Dran*, *de Bordegaraie*, & *Carrel*, lorſqu'ils étoient à la Martinique; de feu M. *Alliot* pendant ſon ſéjour à St. Domingue; & de M. *Noguez*, qui le remplace aujourd'hui dans ce Païs; de M. *Vergne* Médecin à Poiſſi, dont j'ai déja parlé; de M. *Hallais* Bachelier de la Faculté de Paris, aggregé au Collége de la Rochelle, & qui ſe diſtingue par une très-grande habileté, comme je l'ai ſu dans le Païs même; & de beaucoup d'autres qu'il ſeroit trop long de nommer.

Le zèle, que M. *Hecquet* avoit pour l'avancement de la vraie pratique de la Médecine, l'avoit mis en relation avec tout ce que ſon tems eut de célèbres Médecins. Tels êtoient en France, MM. *Fagon*, *Dodart* Père & Fils, *Helvetius* Père & Fils, *Boudin*, *Terret*, *Burlet*; en Italie, MM. *Baglivi*, *Torti*, *Bianchi*, *Valiſneri*, *Michelloti*, *Morgagni*, *Ricla*; En Hollande, MM. *Boerhave & Ruyſch*; En Ecoſſe, M. *Pitcarn*; En Allemagne, M. le Chevalier (*a*) *Garelli*, Premier Médecin & Bibliothécaire de l'Empereur, & M. *Lexhner*, Médecin de l'Empereur demeurant à Nuremberg; Dans les Païs-Bas, MM. *Van-Roſſum* & *Rega*, Profeſſeurs en Médecine dans l'Univerſité de Louvain; En Eſpagne, M. *Seguer*, Profeſſeur dans l'Univerſité de Valence. Parmi les Papiers de M. *Hecquet*, il s'eſt trouvé beaucoup de Lettres de pluſieurs de ces diférens Médecins étrangers. Elles ſont toutes remplies des témoignages d'eſtime les plus marqués, & des éloges les plus flateurs. Preſque tous le félicitent d'avoir ouvert de nouvelles voies pour perfectioner la Médecine; tous l'exhortent à continuer de travailler pour une ſi belle fin. Quelques-uns même ſur la

(*a*) C'eſt à l'amitié ſingulière, que cet homme ſi célèbre dans la Républiqne des Lettres, avoit pour M. *Hecquet*, que nous ſommes redevables de deux Remèdes excellens, qui ſont la *Liqueur minerale anodine*, de M. *Hoffman*, & les *Pillules Impériales nouvelles*, dont M. *Villébrun* habile Apoticaire tient la préparation de M. *Hecquet*, qui l'avoit eue de la pure généroſité de M. *le Chevalier Garelli*.

lecture de ses Ouvrages & sur sa réputation, le recherchoient les premiers. C'est ainsi qu'en usa M. *Pitcarn*, qui ne le connoissoit point & n'en étoit point connu, quand en 1701. il lui recommanda par une Lettre un jeune Ecossois, qui venoit étudier la Médecine à Paris. Je puis mettre encore dans le même rang M. *Feystager* Médecin à Trente, qui, sans le connoître, lui témoigne le plaisir, qu'il a reçu de la lecture de quelques-uns de ses Ouvrages parvenus par hazard jusqu'à Trente; lui demande ses avis sur la manière de bien étudier la pratique de la Médecine, & le consulte en même tems sur deux Maladies singulières. M. *de Bère*, Médecin du Roi de Sardaigne à Mondevis en Piemont, est aussi dans le même cas. Ayant en sa possession quelques Ouvrages de M. *Hecquet*, & ne connoissant personne à Paris, il s'adresse à lui-même pour le prier de lui faire tenir ceux qu'il n'a pas. Je serois trop long si je voulois entrer dans un plus grand détail au sujet de ces diférentes relations. J'ajouterai seulement que, comme M. *Hecquet* cherchoit sans cesse à s'instruire, & qu'il s'étoit fait une loi d'aplaudir aux heureuses découvertes dans son Art, il avoit coutume de prévenir les Savans étrangers, qui ne manquoient pas de répondre aux avances d'un Confrère, dont ils connoissoient tout le mérite. Le fameux *Frederic Hoffman*, ce grand Praticien d'Allemagne, fut le seul qui se crut afranchi d'un pareil devoir de politesse. M. *Hecquet* n'en eut pas pour cela moins d'estime pour lui. Non seulement il ne cessa point de le loüer dans tous ses Ouvrages ; mais dans le particulier même il continua toujours d'en parler avec estime à ses amis. Voici ce qu'il en dit à M. *Hallais* dans une Lettre du 5. d'Août 1735. » Je ne sais, » Monsieur, si je vous ai envoïé les Ob- » servations chimiques de M. *Hoffman*, » dont je fais, comme vous savez, un » très-grand cas ; car malgré ses préju- » gés sur la Saignée & sur l'Opium, & » nonobstant sa Pratique *Polipharmaque*, » je lui trouve tant de bon sens dans ses » jugèmens, tant d'habileté dans la con- » noissance des Maladies, & tant de bon » dans le choix de toutes les Drogues, » dont, à mon avis, il acable ses Mala- » des, que je ne puis lui refuser ma re- » connoissance : car j'apprens tous les » jours quelque chose avec lui. Je n'ai » cependant point, entre vous & moi, » de quoi me flater de son amitié pour » moi. Car lui aïant écrit par une voie » très sure, d'où j'ai su que ma Lettre » lui êtoit parvenue, il m'a honoré d'un » parfait silence, en ne me répondant » point. Mais c'est un grand Médecin, » & me méprisa-t-il ouvertement, ma » reconnoissance envers lui pour la Mé- » decine ne s'éfacera jamais de mon » esprit. «

On auroit voulu pouvoir extraire tout ce que les *Lettres* écrites à M. *Hallais* renferment d'utile par raport à l'étude de la Médecine Théorique & Pratique. On y trouveroit d'excellens avis sur le choix des Livres, tant anciens que modernes, qui peuvent le plus contribuer à perfectioner un Médecin dans l'une & dans l'autre partie, avec des jugemens sur les Ecrits des principaux Auteurs Modernes. On a les Extraits de toutes ces Lettres, que M. *Hallais* a bien voulu communiquer. La nécessité d'abreger oblige de ne s'y pas arrêter ici d'avantage ; mais on pourra bien en faire part quelque jour au Public, aussi-bien que de quelques Ouvrages restés en Manuscrit dans le cabinet de l'Auteur. (*a*) Tels sont, outre ceux dont j'ai déja fait mention :

Une LETTRE LATINE à M. *Winslow*, du 10. de Septembre 1722. au sujet de la Dispute élevée entre M. *Boerrhave* & M. *Ruysch* sur la manière dont les *Secrétions* s'opèrent.

Une autre LETTRE LATINE à M. *Ruysch*, du 23. d'Octobre 1722. sur la même matière.

Un Mémoire ayant pour titre, DE LA FAMINE *d'eau & de ses dangers sur-tout dans le Faubourg S. Jacques* ; Il est du 3. de Mai 1734. La Fontaine de ce Fau-

(*a*) On souhaiteroit y pouvoir joindre les *Consultations de M. Hecquet*, qui sont en très-grand nombre. On a des Lettres de plusieurs Médecins, qui le desirent, & l'on ne doute pas que ce Recueil ne fût très-utile. Mais, comme l'Auteur n'en gardoit point de copie, on est dans l'impossibilité d'en faire part au Public, à moins que ceux qui les ont ne veuillent les communiquer. On les prie en ce cas, de les adresser au Libraire qui distribue ce Livre.

bourg

bourg fut ſans eau pendant treize mois.

Un MEMOIRE *ſur l'Opération Céſariène*, contenant les raiſons, que l'on a de ne la croire permiſe en aucun cas.

Une CONSULTATION *ſur un Enfant, qui vint au monde à cinq mois juſte, auſſi formé que s'il en avoit eu neuf, & que l'on décide n'être pas légitime.* Elle eſt du 5. de Septembre 1709.

Une Diſſertation aſſez longue, dont le titre eſt : QUESTION *ſur le motif des Diſpenſes du Carême.* Il s'agit de ſavoir ſi les Médecins peuvent diſpenſer de faire maigre, dans la ſupoſition que *la Viande eſt la nourriture la plus convenable, ou la plus naturelle à l'Homme.* Par ce que j'ai raporté du Traité des Diſpenſes du Carème, on voit aſſez quel doit être ici le ſentiment de M. *Hecquet.*

Un petit Ecrit dont le titre eſt : NULLITE's *des raiſons empruntées de la Médecine, contre la vérité du Miracle d'Anne le Franc.*

Un Ouvrage pouvant faire un juſte volume *in*-12. intitulé (*a*) DU MEDECIN. Livre I. *De l'art, ou qu'il enſeigne dans les Ecoles, ou qu'il exerce auprès des Malades.* Livre II. *Des Qualités & Vertus néceſſaires pour rendre un Médecin parfait.*

Un Traité conſidérable *ſur la Tranſpiration*, mais qui paroît à l'inſpection, avoir été fondu par l'Auteur dans ſes diférens Ouvrages.

(*a*) Je ne puis pas aſſurer que cet Ouvrage ſoit de M. *Hecquet*. La copie en eſt écrite depuis très-longtems ; & ſur ce que j'en ai lu, je ſoupçone qu'il pourroit bien être de M. *Hamon.*

Un autre Traité, dont le titre est : RE-FLEXIONS *sur les choses, qui méritent d'être ajoutées à la Médecine, pour la rendre plus parfaite.* Il paroît être aussi rentré dans d'autres Ouvrages.

Une *Dissertation*, dans laquelle on prouve par de bonnes raisons, qu'un François ne doit écrire sur la Médecine qu'en sa Langue, & qu'en général il ne lui convient point d'écrire sur aucune matière en une Langue étrangère.

Un Ouvrage considérable, mais qui n'est qu'ébauché. Voici son titre : LA MEDECINE NON NATURELLE, *ou* LA PURGATIVE. *Ce que c'est que la Purgation ; ce qu'elle opère ; comment elle se procure ; où & quand elle convient. Le tout suivant les principes de la Médecine, l'Higieine, & la Chimie naturelle.*

Enfin un (*a*) TRAITE' *de la matière Médicale simple, ou Essais de l'Histoire Médecinale des Médicamens simples, qui se tirent des Animaux, des Végétaux & des Minéraux.* C'est celui qu'il avoit dicté dans les Ecoles. Il est fort bien écrit en Latin.

De ce nombre étoit aussi la *Médecine des Pauvres*, dont je ne dirai rien, sinon que M. *Hecquet*, prévenu par la mort, n'eut pas le tems d'y mettre la dernière main ; & qu'un Homme d'esprit, de l'avis des amis du Défunt, & guidé par leurs conseils, s'est chargé de la mètre dans l'état où l'on la donne ici. Le *sieur Lacherie* a fait

(*a*) TRACTATUS *de materia medica simplici, sive specimina Historiæ medicinalis Medicamentorum simplicium quæ ex triplici Animalium, Vegetabilium, & Mineralium familia oriuntur.*

graver, pour placer à la tête, le (*a*) Portrait de l'Auteur. Il est d'après l'Origi-

(*a*) Il en fit présent à tous les Membres de la Faculté, & à tous les Amis du Défunt, en les invitant au Bout-de-l'an, qu'il lui fit faire dans l'Eglise des Carmelites. De cette manière il en fut distribué plus d'un mille. Ce n'est pas le seul témoignage d'atachement & de reconnoissance, qu'il ait cru devoir à la mémoire de Monsieur *Hecquet*. C'est à sa prière que M. *Rollin* fit l'Epitaphe, qu'on a vue plus haut. C'est à ses soins qu'on est redevable de l'édition de quelques-uns des Ouvrages posthumes de M. *Hecquet*. Son dessein même est de donner au Public tous ceux qui lui restent, & qui sont achevés ou presque achevés. C'est lui qui m'a fourni, comme témoin oculaire, les principaux Mémoires sur lesquels j'ai composé cette Vie; & pour la rendre plus complète, il n'a pas craint d'aller, à ma prière, sólliciter tous les amis de M. *Hecquet* de lui donner par écrit ce qu'ils en savoient de particulier. Il a cru que la reconnoissance le dispensoit de se conformer tout-à-fait en ce point aux intentions de cet humble Médecin, qui ne souhaitoit, lui disoit-il souvent, que d'être parfaitement oublié, dès qu'il seroit mort. Ces paroles ne sont pas sorties de la mémoire du *sieur Lacherie*; mais il se ressouviendra toujours aussi que, quelque tems avant que de mourir, M. *Hecquet*, avec les termes les plus tendres, le remercia de tous les services, qu'il en avoit reçus; & lui témoigna combien il étoit fâché de ne lui pouvoir pas laisser tout le bien, dont il le croïoit digne. Plus sensible à cette marque de bonté, que si réellement le Legs universel l'avoit mis à son aise, le *sieur Lacherie* est dans la disposition de ne manquer à rien de tout ce qui peut témoigner sa reconnoissance. Outre qu'il eut pendant vingt-trois ans des soins infinis de la personne & de toutes les afaires de M. *Hecquet*, il lui servit encore de Secretaire pendant les dix ou douze dernières années de sa Vie. J'ai dit ailleurs que M. *Hecquet*, dans les commencemens de sa retraite, perdit l'usage de sa main droite; j'ajoute ici que, depuis plusieurs années, il l'avoit à peine assez libre pour écrire quelques mots

nal de M. *Belle*, dont j'ai parlé plus haut, & fait honneur à l'habileté du sieur *Daullé*, jeune Graveur, qui se distingue beaucoup dans sa Profession.

On souhaiteroit peut-être voir ici quelque détail sur la manière, dont M. *Hecquet* traitoit les Maladies. Mais outre qu'il faudroit l'avoir suivi longtems chez ses Malades, pour être en état d'en rendre un compte exact, ce soin seroit fort inutile. On trouve tout le fonds de sa Pratique dans ses Ouvrages. Je vais seulement raporter deux Cures très-singulières, qui feront voir combien un Médecin a de ressource dans la parfaite connoissance des loix de la Nature. C'est le *Mémoire sur la vie de M. Hecquet* qui me les fournit, & j'en emprunte volontiers ses propres termes. „ Il vint à un de mes „ Enfans, dit la *Dame*, Auteur de ce „ *Mémoire*, une grosseur au-dessous de „ l'Estomac, qui paroissoit égaler celle „ d'une Pomme de ramboure. Elle pré„ sentoit une face au-dehors, & en „ apuïant dessus on croïoit ressentir qu'el„ le avoit autant de circonférence qu'u„ ne de ces Pommes. Mon Fils, âgé de „ 6. ans, & qui exprimoit fort bien ce „ qu'il sentoit, se plaignoit lorsqu'on „ apuïoit ainsi, qu'il lui sembloit qu'on „ lui soulevoit l'estomac. Un habile Chi„ rurgien, qui venoit souvent dans la „ maison, me dit qu'il guériroit cet Enfant

de suite. Je ne dois pas oublier de dire aussi qu'il avoit un autre Domestique, auquel il a laissé par son Testament une somme, pour aprendre un métier.

„ avec grande facilité. Il l'eut pendant „ plus d'un an entre les mains, & bien „ loin de le guérir, ce mal grossit d'une „ manière prodigieuse, & mon fils ne „ pouvoit manger sans soufrir ensuite „ d'extrèmes douleurs, & sans être obli- „ gé de revomir tout ce qu'il avoit pris. „ Il devint d'une maigreur excessive, & „ le Chirurgien fut enfin obligé de me „ dire qu'il n'avoit plus aucune espérance „ de le guérir, & qu'il croïoit même qu'il „ ne pourroit vivre que peu de jours. Je „ voulus faire une Consultation de ce „ qu'il y avoit de plus habiles Chirur- „ giens à Paris, parce qu'on m'assuroit „ que ce mal ne pouvoit être bien traité „ que par eux. Celui, qui avoit traité „ mon Fils, fit le raport du mal, des re- „ mèdes, & du progrès, qu'il avoit fait „ malgré les remèdes; & l'on conclut à „ ouvrir ce mal. Je leur demandai s'ils „ croïoient par cette opération guérir „ mon Fils. Ils m'avouèrent tous que la „ chose étoit plus que douteuse; mais „ que dans le danger, où il étoit, ils „ croïoient qu'on devoit risquer cette „ opération, qu'ils convinrent être très- „ douloureuse. Je leur dis que je ne pou- „ vois m'y résoudre, & que j'aimois „ mieux le laisser mourir dans l'état où „ il étoit, que de l'exposer, sans aucun „ avantage, à de si cruelles douleurs. Dès „ que ces Chirurgiens furent sortis, je „ pris mon Fils, & m'en allai chez M. „ *Hecquet*, sans en parler à personne. „ Je lui fis voir le mal de cet Enfant, &

„ lui rendis compte de tout ce qui étoit „ arrivé. Il faut avouer, me dit-il, que „ cet Enfant est en grand danger de „ mourir dans peu de jours. Mais vous „ avez eu raison de ne point consentir „ qu'on lui fit l'opération, qu'on vous pro- „ posoit. Elle est très-cruelle & auroit „ été inutile, & même dans l'état, où est „ cet Enfant, il seroit vraisemblablement „ mort pendant qu'on l'auroit faite. Si „ c'étoit mon Fils, je tenterois une ma- „ nière de le traiter, que je ne voudrois „ pas que l'on sût, car on se moqueroit „ de moi, & je n'ai aucune certitude „ qu'elle réussisse. Je lui dis: Monsieur, „ cela augmentera-t-il le mal, que souffre „ déja cet Enfant? Oh! pour cela non, „ & je vous assure qu'il le diminuera. Si „ cela est ainsi, lui dis-je, je vous de- „ mande en grace de le tenter. Je vous „ promets le secret, & pour moi, & pour „ mon Fils. Il est très-capable de le gar- „ der. Je préparerai moi-seule ce que „ vous ordonerez. Après m'avoir encore „ répété qu'on se moqueroit de lui; & „ moi, l'avoir assuré que personne au „ monde n'auroit connoissance de ce qu'il „ feroit, il consentit à traiter cet En- „ fant. Il me dit qu'il falloit le faire sai- „ gner tous les huit jours, jusqu'à ce qu'il „ me dit de cesser. Je fus éfraïée de cette „ ordonnance, à cause de l'extrème foi- „ blesse de mon Fils. Il m'assura que les „ Saignées ne l'augmenteroient pas, mais „ au contraire. Puis il ajouta: il ne faut „ point qu'il mange de viande; mais

„ seulement par jour deux Potages de „ bouillon médiocre, & où le Veau do- „ mine; qu'il ne mange que peu de pain „ & d'un pain léger, de la salade, un „ peu de fruit cuit; point de vin, & tous „ les soirs mètez sur cette grosseur un Ca- „ taplasme de Feuilles de Mauves & de „ Guimauves bien cuites dans de l'eau, „ & le plus chaud que l'Enfant le pourra „ soufrir. Au bout de deux mois il ré- „ duisit les Saignées à quinze jours; & „ deux autres mois après, à ne les faire „ que tous les mois, mais sans rien chan- „ ger au reste du Régime, qu'il fit ob- „ server pendant 18. mois, quoique le „ mal fût presque disparu au bout de l'an- „ née, & sans que cette grosseur eut été „ ouverte ni par le fer, ni par des Em- „ plâtres; les simples Cataplasmes dont „ je viens de parler, l'aïant entièrement „ fait dissoudre. “

„ L'année suivante, un autre de mes „ Enfans tomba malade d'une fièvre rou- „ ge, si violente & si maligne que M. *Hec-* „ *quet*, aussi-bien que le Chirurgien, qui „ vint saigner cet Enfant, me dirent qu'ils „ ne pouvoient répondre de sa vie, mê- „ me pour le jour, où ils me parloient, „ qui étoit le troisiéme. Je priai M. *Hec-* „ *quet* de me dire ce que je devois lui „ donner. Il me répondit qu'il ne voïoit „ aucun Remède, dont il ne craignit de „ se reprocher de s'être servi; & que „ comme Ami plustôt que comme Mé- „ decin, il me conseilloit de lui donner „ de trois en trois heures une bonne tas-

„ ſée de bouillon, & une demi heure „ après chaque bouillon cinq ou ſix cuil- „ lerées de Fraiſes arroſées d'un peu de „ vin & moderément ſucrées ; mais ſans „ pain ; & de ne lui donner aucune autre „ nourriture, ni aucun Remède. Il le „ tira de cette manière d'une ſi dange- „ reuſe maladie, après laquelle il ne vou- „ lut pas ſouffrir qu'on le purgeât".

Je dois, avant de finir, faire remarquer que c'eſt à tort qu'on accuſoit M. *Hecquet* de n'emploïer en Médecine que la Saignée & l'Eau pour les Malades, & les Pommes cuites pour les Convaleſcens. Ses Ouvrages prouvent le contraire ; & tout ceux qui l'ont connu, peuvent atteſter qu'il ne blamoit que l'abus du trop grand nombre de Remèdes. Mais il en eſt peu, dont il ne ſût fort bien ſe ſervir dans les différens cas de Pratique. A l'égard de la Saignée, il croïoit en devoir faire un très-grand uſage ; & l'on ſait d'un ſavant Médecin de la Faculté de Paris, que M. *Hecquet* lui dit une fois, que s'il avoit eu quelque ſujet de mécontentement dans l'exercice de ſa Profeſſion, c'étoit pour n'avoir pas ſaigné ſuffiſamment ; & que s'il avoit à recommencer, il ſaigneroit d'avantage qu'il n'avoit fait. Ce diſcours eſt parfaitement d'accord avec les Principes établis dans tous ſes Ecrits.

C'eſt avec auſſi peu de fondement qu'on lui reprochoit de vouloir bannir la Chimie de la Médecine. Il en emploïoit volontiers quelques Remèdes, comme le

Tartre ſtibié, l'*Anodin mineral d'Hoffman*, les *Goutes anodines de Sydenham*, & pluſieurs autres, dont il faiſoit grand cas. Il êtoit même fort inſtruit de cette ſcience. Il en avoit fait deux Cours pendant ſa jeuneſſe ſous feu M. *Lémeri*. Bien loin de détourner les jeunes Médecins de cette étude, il la leur recommandoit; mais il vouloit qu'ils ne commençaſſent à s'y livrer qu'après avoir achevé celle de l'Anatomie & des Plantes. Il vouloit qu'ils la fiſſent marcher d'un pas égal avec la Pharmacie, dans le même tems qu'ils étudieroient la Pathologie, & qu'il leur conſeilloit d'aller obſerver les Malades dans les Hôpitaux. J'ajoute, par occaſion, que les Auteurs Modernes, dont il preſcrivoit aux jeunes gens de faire la baſe de leurs Etudes, êtoient *Bergerus* & *Baglivi*, pour la *Phiſiologie*; *Heiſter*, *Manget & Morgagni*, pour l'*Anatomie*; *Boerrhave* & *Stalh*, pour la *Pathologie*; *Barchuyſen*, pour la *Chimie*; *Sydenham*, pour la *Pratique*. Il conſeilloit encore *Rivière*; mais il n'en eſtimoit pas les Obſervations, qu'il diſoit être bien rangées, mais faites dans le Cabinet. Au contraire, il faiſoit un cas infini de celles d'*Etmuller*.

On a déja vu combien il aimoit la Faculté de Paris, à laquelle il faiſoit tant d'honneur. En 1733. il eut ocaſion de lui donner une nouvelle marque de ſa tendreſſe pour elle, & de ſon zèle pour l'inſtruction de ſes Membres. M. *Prévôt*, fameux Avocat, remit à la *Faculté* la Bibliothèque, de feu M. *Picoté de Bellêtre*, ſavant Médecin. Elle montoit à trois mille cinq cens Volumes ; & dans le même tems elle fut augmentée d'un grand nombre de Livres de tout genre, que M. *Prévôt* fit donner par une Dame de ſa connoiſſance. M. *Hecquet*, excité par ces exemples, fit un choix de ce qu'il avoit dans ſon Cabinet de meilleur & de plus rare concernant ſa Profeſſion, pour l'ajouter à cette Bibliothèque naiſſante, qu'il enrichit alors de douze à treize cens Volumes de toutes formes. Par ſon Teſtament il y joignit encore une centaine de Volumes tant *in-folio* qu'*in*-4°. qu'il prit ſoin de marquer lui-même quelques jours avant ſa mort, & que ſon Exécuteur Teſtamentaire remit auſſitôt après à la *Faculté*.

Voilà tout ce que j'avois à dire pour faire connoître entièrement ce mort illuſtre, qui ne fut pas moins homme de bien que ſavant Médecin ; qui conſacra toute ſa vie à l'avancement du plus eſtimable & du plus néceſſaire de tous les Arts ; & que toutes les Univerſités, tous les Grands-Hommes de ſon tems, toutes les Sociétés Littéraires n'ont pas fait dificulté de ſurnommer l'*Hipocrate de la France.* Je ne fais que répéter ce que dit un de ſes Confrères dans un Mémoire, que j'ai ſous les yeux. Mais ſi quelqu'un trouve l'éloge un peu trop fort, il conſentira du moins à celui que la Lettre ſuivante contient. Elle fut écrite au *ſieur Lacherie*, le 28. d'Octobre 1737. par un grand Maitre, dont le rare mérite, & la place éminente, qu'il remplit si dignement, rendent le témoignage extrèmement précieux. „ Je ne „ saurois, dit-il, assez vous remercier, „ Monsieur, de votre obligeante atention à me procurer un Exemplaire du „ dernier Ouvrage de l'illustre M. *Hecquet*, sur la *Médecine naturelle*, qui ne „ peut qu'être ardemment desiré par tous „ ceux qui connoissent le mérite distingué „ de l'Auteur dans notre Profession, & „ qui ont déja lu ses autres Ouvrages, „ où l'on est comme forcé d'admirer en „ même tems l'élégance du Stile, la fécondité & la noblesse de l'Expression, „ la profondeur & l'étendue du Savoir, „ la justesse du discernement; & sur-tout „ ce zèle ardent & cette application sans „ relâche pour établir sur des Principes „ certains & sur des Observations constantes, la méthode la plus convenable „ pour la conservation & pour le rétablissement de la santé; de même que „ pour dévoiler & réprimer les indignes „ manœuvres de ceux qui, dans l'exercice „ de notre Profession, ne pensent qu'à „ abuser de l'ignorance & de la crédulité „ du Public; cette candeur enfin, & cette „ pureté de mœurs, qui, de concert avec „ ses autres talens, lui ont aquis à si juste „ titre la réputation d'un Médecin des „ plus pieux, des plus véridiques & des „ plus savans de la célèbre Faculté. C'est „ encore une fois, ce qui me fait souhaiter avec ardeur de profiter de ce dernier „ fruit des veilles & des réflexions d'un si „ grand Maître. "

En parlant au commencement de cette Vie de deux Frères de M *Hecquet*, je n'ai point fait mention des Epitaphes, qu'il fit mettre ſur leur ſépulture. Mais elles ſont trop bien faites, pour ne les pas donner au Public. Pourroit-on me pardonner de les avoir ſuprimées, quand on ſauroit qu'elles ſont de M. *Rollin*. C'eſt auſſi lui, qui les a traduites en François. M. *Hecquet* les fit imprimer dans le tems ſur des Feuilles volantes.

EPITAPHE D'ANTOINE HECQUET.

D. O. M.

PIÆ MEMORIÆ

ANTONII HECQUET, Preſbyteri, Regalis Eccleſiæ ſancti Wulfranni Decani.

SUMMA fuit ingenii perſpicacitate, & multiplicis doctrinæ copiâ clarus, humilitate & modeſtiâ clarior. Edoctus apprimè linguas Græcam & Hebraicam, omnique vitâ in Scriptura Sacræ & SS. Patrum ſtudio verſatus, ſcientiam quæ inflat, pro nihilo habuit, unius æmulator caritatis quæ ædificat. Illius zelo incenſus complures annos inſtituendæ ad pietatem & Fidem Chriſtianæ juventuti impendit, nihil aliud quàm prodeſſe & latere quærens. Factus inde hujus Eccleſiæ Canonicus anno 1688. & decem poſt annis Decanus, nihil ex innato ſibi pueros erudiendi ſtudio remittens, juvenes Clericos vel per ſe, vel per alios diligenter curavit Sacris præſertim Litteris imbui, quas ipſe ab infantiâ edoctus ſemper in deliciis habuit, tanquam maximum præsentis exilii solatium. Summam in tractandis negotiis solertiam & fidem condiebat singularis integritas morum, animi candor, vitæ simplicitas. Hujus Ecclesiæ cui se totum devoverat, jurium tutor, patrimonii defensor, legum & consuetudinum custos acerrimus, numquam hanc destitit, velut sponsam, Dei æmulatione æmulari. Ægrotationibus ferè continuis nihilò factus est segnior ad solita studii & pietatis munia, nec ullâ dolorum acerbitate dimoveri unquàm potuit ab assuetâ animi lenitate & patientiâ. Assiduo mortis conspectu magis ac magis in dies inflammatus ad spem & desiderium beatæ immortalitatis, tandem feliciter obdormivit in Domino, die Julii 12. anno 1718. nondum expleto ætatis anno 59.

REQUIESCAT IN PACE.

TRADUCION

A LA GLOIRE DE DIEU,

Et à la pieuse Mémoire

De Messire ANTOINE HECQUET, *Pretre, Doyen de l'Eglise Royale de S. Vulfran.*

IL s'aquit une estime générale par la pénétration de son esprit & par son érudition en plusieurs genres de doctrine, & encore plus par son humilité & par sa modestie. Ayant appris parfaitement les langues Grèque & Hébraïque, & s'étant appliqué pendant toute sa vie à l'étude de l'Ecriture Sainte & des SS. Pères, il méprisa la science, qui enfle, & il n'estima que la charité seule, qui édifie. Animé du zèle qu'elle inspire, il s'occupa pendant plusieurs années à instruire la jeunesse dans la piété & dans la foi Chretienne, ne cherchant qu'à être utile & à demeurer caché. Devenu Chanoine en 1688. & dix ans après Doyen de cette Eglise, il ne discontinua point de suivre l'inclination naturelle, qu'il avoit pour l'instruction des enfans: il eut le même soin d'instruire par lui-même, ou par les autres, les jeunes Clercs, sur-tout dans la science des Saintes Ecritures, dont il avoit été nourri lui-même dès son enfance, & qui étant la plus grande consolation de notre exil, firent toujours ses plus chères délices. Il avoit pour le maniement des affaires une habileté supérieure & une fidélité incorruptible; & il joignoit à ces qualitez une intégrité de mœurs, une candeur d'ame, & une aimable simplicité de vie, qui faisoient son caractére particulier. Protecteur vigilant des droits de cette Eglise, à laquelle il s'étoit dévoué tout entier, défenseur de son Patrimoine, & conservateur de ses loix & de ses usages, il ne cessa jamais d'avoir pour elle, comme pour une épouse; un amour de jalousie, & d'une jalousie de Dieu. Les infirmitez presque continuelles, dont il fut attaqué, ne diminuèrent rien de son assiduité à l'étude & aux exercices de piété, ausquels il s'étoit accoutumé; & la violence des douleurs, qu'il souffroit souvent, ne put jamais altérer la douceur d'esprit & la patience, qui lui étoient comme naturelles:

mais la vûe de la mort, qu'il avoit toujours présente, ayant rendu en lui de jour en jour plus ardente l'espérance & le desir de la bienheureuse immortalité, il s'endormit enfin heureusement dans le Seigneur le douzième de Juillet de l'année 1718. n'ayant pas encore achevé la cinquante-neuviéme année de son âge.

QU'IL REPOSE EN PAIX.

EPITAPHE DE PIERRE HECQVET.

D. O. M.

PIÆ MEMORIÆ.

PETRI HECQUET, Presbyteri, Canonici Regalis Ecclesiæ sancti Wulfrani.

ILLE *quacumque mundus offerre potuisset lucra, propter Christum arbitratus detrimenta, uni æternæ saluti acquirendæ totus incubuit. Anno* 1698. *inter hujus Ecclesiæ Canonicos ascitus, amantissimo Fratri ejusdem Ecclesiæ Decano, socium se & adjutorem in bonis operibus adjunxit, earundem æmulatione virtutum, verè germanus & frater. Clericos salubribus documentis, Laïcos prudenti consilio, Pauperes opportunis auxiliis, omnes efficaci morum exemplo ad pietatem excitabat. Acri desiderio flagrans sibi uni & Deo vivendi meditatus est non semel, ruptis furtim vinculis, proripere se in solitudinis latebras; præsertim cùm vacans, mortuo Fratre, Decanatûs dignitas ipsi immineret: quam invito sibi concessam constanter recusavit. Nondum assecutus an. Ætatis* 52, *sed jam cœlo maturus, obiit die* 30. *Decemb.* 1722.

REQUIESCAT IN PACE.

TRADUCTION.

A LA GLOIRE DE DIEU,

Et à la pieuse Mémoire

De Messire PIERRE HECQUET, *Prêtre, Chanoine de l'Eglise Royale de S. Vulfran.*

L'Amour de Jesus-Christ lui ayant fait regarder tous les avantages, que le monde eut pu lui offrir, comme de véritables pertes, il fit toute son occupation de la seule affaire de son salut éternel. Pourvu d'un Canonicat de cette Eglise en 1698. il devint le Compagnon & le Coadjuteur de son Frère, Doyen de la même Eglise, dans ses bonnes œuvres, & il se montra vraiment son Frère par l'émulation des mêmes vertus. Il excita à la piété les Ecclésiastiques par ses instructions salutaires, les Laïques par ses sages conseils, les Pauvres par les secours, qui convenoient à leurs besoins, & tous par l'exemple, plus efficace que la parole, d'une conduite toujours édifiante. Brûlant d'un desir ardent de vivre pour lui seul & pour Dieu, il médita plus d'une fois de rompre en secret tous ses liens, & de se cacher dans une solitude; lors sur-tout qu'il vit qu'on jettoit les yeux sur lui, pour remplir la dignité de Doyen, vacante par la mort de son Frère. Elle lui fut cependant conférée malgré lui, mais il refusa constamment de l'accepter. N'ayant pas encore atteint l'âge de 52 ans, mais déja mûr pour le Ciel, il mourut le 30. Décembre 1722.

QU'IL REPOSE EN PAIX.

Fin de la Vie de M. Hecquet.

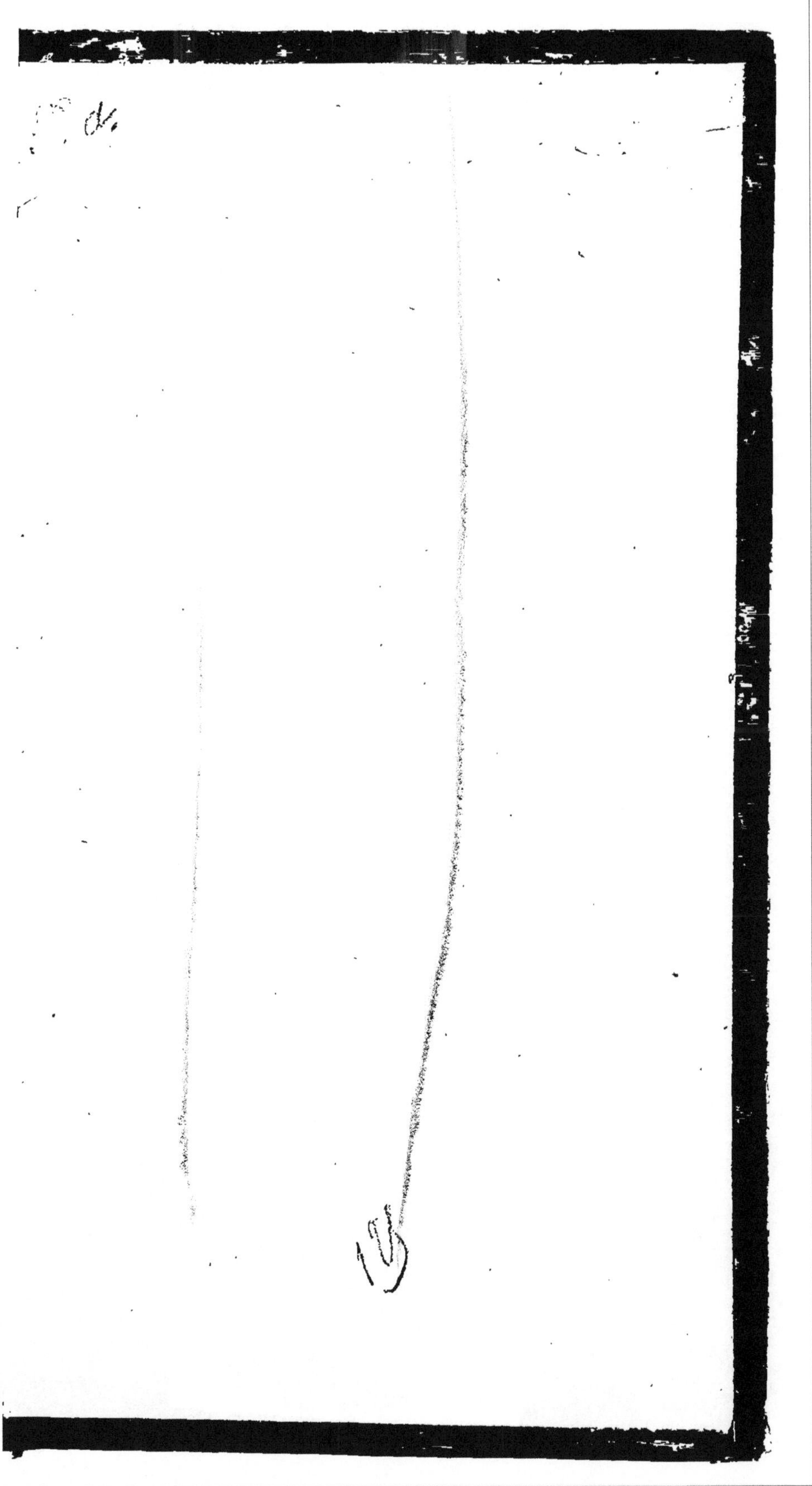

BIBLIOTHEQUE NATIONALE DE FRANCE
3 7511 00394406 6

www.ingramcontent.com/pod-product-compliance
Ingram Content Group UK Ltd.
Pitfield, Milton Keynes, MK11 3LW, UK
UKHW020348230726
13925UKWH00003B/1018